심음과
거둠의법칙

SOWING AND REAPING

초판1쇄 인쇄 2012년 3월 6일
초판1쇄 발행 2012년 3월 9일

지은이 D. L. 무디
옮긴이 김영균
발행인 이왕재

펴낸곳 건강과 생명(www.healthlife.co.kr)
주 소 110-460 서울시 종로구 연건동 67번지 1층
전 화 02-3673-3421~2  팩 스 02-3673-3423
이메일 healthlife@healthlife.co.kr
등 록 제 300-2004-27호

총 판 예영커뮤니케이션
전 화 02-766-7912  팩 스 02-766-8934

정 가 8,000원

ⓒ건강과 생명 2012
ISBN 978-89-86767-32-2  03230

'라온누리' 는 도서출판 '건생' 의 새로운 출판브랜드입니다.
본서의 성경구절은 D.L. 무디가 사용한 영어성경《KJV》의
한글번역판인《흠정역성경》_그리스도예수안에 刊에서 인용하였음을 밝힙니다.

# 심음과 거둠의 법칙
## SOWING AND REAPING

속지 말라. 하나님은 조롱당하지 아니하시나니
사람이 무엇을 심든지 또한 그것을 거두리라. (갈 6:7)

# 목차

역자 서문 · 6

제 1 장  심음과 거둠의 법칙 · 11

제 2 장  속지 말라.
　　　　하나님은 조롱당하지 아니하시나니 · 27

제 3 장  심는 사람은 거두기를 기대한다 · 43

제 4 장  사람은 자기가 심은 것과
　　　　같은 종류의 것을 거둔다 · 61

제 5 장  사람은 자기가 심은 것 이상을 거둔다 · 75

제 6 장  씨에 대해 무지해도 결과는 차이가 없다 · 83

제 7 장  용서와 응보 · 97

제 8 장  경고 · 113

## ✽ 역자 서문

하나님의 말씀에는 선한 말씀(히 6:5), 은혜의 말씀(행 20:32), 영생의 말씀(요 6:68), 의의 말씀(히 5:13)이 있습니다. 본서의 주제가 되는 이 말씀은 매우 단단한 음식으로 젖만 먹는 어린아이들에게는 익숙하지 않은 말씀입니다. "속지 말라. 하나님은 조롱당하지 아니하시나니 사람이 무엇을 심든지 또한 그것을 거두리라." (갈 6:7)

많은 그리스도인들이 긍휼의 하나님, 사랑의 하나님은 잘 알고 있지만 두려우신 하나님에 대해서는 잘 모르고 있는 것 같습니다. 비록 우리 그리스도인들은 하나님의 긍휼과 은혜와 사랑으로 인해 또 믿음을 통해 값없이 구속 받아 하나님의 자녀가 되기는 했지만 하나님께서는 때로 자녀들을 엄하게 훈육하십니다.

갈라디아서는 성령님의 역사로 믿음을 통해 구원받은 그리스도인들이 그리스도의 자유를 내려놓고 육체로 완전해지고자 하며(갈 3:3) 율법의 속박아래로 다시 돌아가지 말 것을 경고하는 책입니다. 역자도 이 책을 번역하면서 육신에게 심으면 육신으로부터 썩는 것을 거두며 성령에게 심는 자는 성령으로부터 영존하는 생명을 거두게 된다는 엄숙한 사실을 무디 형제님의 명쾌한 설교를 통해 배울 수 있었습니다. 독자 여러분도 본서를 통해 성령에게 심는 자가 되는 비결을 배우실 수 있기를 바랍니다.

"우리가 잘 행하는 가운데 지치지 말지니
우리가 기진하지 아니하면 정하신 때에 거두리라."(갈 6:9)

2012년 2월 역자 김 영 균 목사

# 1. 심음과 거둠의 법칙

속지 말라. 하나님은 조롱당하지 아니하시나니
사람이 무엇을 심든지 또한 그것을 거두리라. - 갈 6:7

*Sowing and Reaping*

# 1

# 심음과 거둠의 법칙

> 속지 말라. 하나님은 조롱당하지 아니하시나니 사람이 무엇을 심든지 또한 그것을 거두리라. 자기 육신에게 심는 자는 육신으로부터 썩는 것을 거두되 성령에게 심는 자는 성령으로부터 영존하는 생명을 거두리라. - 갈 6:7,8

**그 어떤 불신자나 회의론자라도** 이 구절이 말하는 진리를 감히 부인하지는 못할 것입니다. 하나님의 말씀에는 우리가 일상에서 발견할 수 있는 증거로도 충분한 구절들이 있습니다. 이 구절이 바로 그런 말씀 중 하나입니다. 우리 주변에서 끊임없이 일어나고 있는 일들과 신문지상의 기사만 보더라도 우리는 이 말씀이 우리 눈앞에서 성취되고 있음을 알 수 있습니다.

한 번은 말씀을 전하다가 이 본문 말씀을 언급했는데 어떤 한 사람이 청중 가운데서 일어나 말했습니다. "나는 그것을 믿지 않소." 이에 대해 나는 이렇게 답변해 주었습니다. "이봐요, 그런다고 사실이 바뀌지 않소. 진리란, 당신이 믿든 안 믿든 진리니까요. 마찬가지로 거짓말도 당신이 믿든 안 믿든 거짓말일 뿐입니다."

그런데도 그 사람은 믿으려 하지 않았습니다. 모임이 파할 무렵 경찰이 그를 입구에서 체포했습니다. 그는 재판을 받고 절도죄로 12개월형을 받아 교도소로 보내졌습니다. 나는 그가 그 교도소에 가서 결국은 자신이 심은 대로 거두어야만 한다는 사실을 믿었을 거라고 믿습니다.

하나님의 말씀에서 이 진리를 지워 버리는 것은 하늘에서 해를 없애 버리는 것과 같을 것입니다. 이 법칙은 하늘이 세운 영원한 법칙입니다. 이 법은 지난 6,000년 동안 어김없이 집행되어 왔습니다. 하나님께서는 아담이 에덴 동산에 있을 때 이미 자신이 심은 대로 거두게 하시지 않았던가요? 그리고 에덴 밖에서 가인은 심은 대로 거두어야 했습니다. 다윗처럼 왕좌 위에 군림했던 왕도, 엘리처럼 제단 앞에서 섬기던 제사장도, 그러니까 제사장과 예언자도, 설교자나 설교를 듣는 자도, 모두가 다 자신이 심은 대로 거두어야만 하는 것입니다. 나는 이 진리를 10년 전에 믿었으나 지금은 그때보다 100배나 더 믿습니다.

이 말씀은 성도나 죄인이나 혹은 스스로를 성도로 여기는 위선자에게나 모두 적용됩니다. 이 법칙은 가족이든 사회이든 민족이든 간에 상관없이 다 적용됩니다. 즉, 어떤 행동이든 그 결과를 거두게 되리라는 법칙은 개인에게 뿐 아니라 민족에게도 적용된다는 것입니다. 누군가가 말하기를 미래에는 민족이 존재하지 않기 때문에 민족에 대한 처벌은 오직 현 세상에서만 이루어질 것이라고 했습니다. 맞는 말입니다. 그렇다면 하나님께서 역사를 통해 민족들을 어떻게 다루셨는지를 한번 생각해보십시다. 심은 대로 거두지 않은 민족이 단 하나라도 있었는가 말입니다. 아말렉을 예로 들어봅시다.

"너희가 이집트에서 나올 때 아말렉이 길에서 네게 행한 일을 기억하라. 그가 길에서 너를 만나 네가 약하고 피곤할 때에 네 뒤를 치되 곧 네 뒤에 떨어진 약한 모든 자를 쳤나니 그가 하나님을 두려워하지 아니하였느니라." - 신 25:17,18

아말렉은 이스라엘을 쳤으나 그 결과가 어떻게 되었습니까? 이에 대해 하나님의 처벌을 받지 않았던가요? 하나님께서는 아말렉은 심은 대로 거둘 것을 정하셨고 결국 사울 왕 시대에 아말렉 족속은 완전히 멸절되어 그 존재를 상실케 되었습니다.

그러면 이 세상의 많은 왕국과 제국들은 어떻습니까? 그들은 다 어찌 되었습니까? 바빌론이 멸망한 원인은 무엇이었나요? 바빌론의 왕과 백성들은 하나님께 순종치 않으려 했고 그 결과 패망하고 말았습니다. 그리스와 그 권세는 어떻습니까? 그리스도 한때는 세상을 다스렸습니다. 로마와 그 위대한 문명은 또 어찌 되었습니까? 불법이 가득차자 결국은 몰락하고 말았습니다. 유대인들은 어떻게 되었습니까? 그들은 구원을 거부했고, 하나님의 사자들을 박해했고 자신들의 구속자(Redeemer)를 십자가에 못 박았습니다. 그리고 우리는 유대인 수백만 명이 한꺼번에 멸망한 사실을 알고 있습니다.

우리 미국은 어떻습니까? 성경을 손에 들고서 우리 조상들은 노예 제도를 시행했고 결국 심판이 임했습니다. 남북 모두가 가족을 잃고 통곡해야만 했습니다. 프랑스는 어떻습니까? 백 년 전 프랑스는 불신을 조장하는 책들을 출판 보급하는 일에 수백만 달러를 매년 쏟아 부었습니다. 그 결과 프랑스가 거두어들인 수확은 무엇이었을까요? 확인을 해보면 다음과 같습니다.

『성경의 출판 보급이 급감했고 하나님은 부인되었으며 지옥 같은 사회가 도래했다. 파리에서 출생한 어린아이의 절반이 사생아였다. 백만 명 이상이 1792년 9월과 1795년 12월 사이에 참수되거나, 총살되거나, 익사당하거나, 잔인무도하게 살해되었다. 그 후 80년간 열세 번에 걸쳐 혁명이 발생했으니 공화국이 세워진 이래 매 9개월마다 쿠데타가 일어난 셈이다. 파리에서 출생한 아이들의 3분의 1이 불법적인 출생이었으며 파리시 하수처리장에서는 한 해 만 명의 신생아의 시신이 발견되었고 프랑스 인구는 감소했다. 기독교 국가의 그 어떤 도시보다 파리의 자살률은 높았다. 프랑스 혁명 이래로 폭동과 소요 가운데 매년 평균 2,500명이 넘는 사람들이 파리시 거리에서 살해당했다.』

이처럼 바울이 갈라디아서에서 밝힌 이 원칙(심음과 거둠)은 성경에서나 역사에서 새로운 일이 아닙니다. 바울은 이 원칙을 심음과 거둠이라는 농업 용어를 빌어 표현했으나 이 법칙은 원인과 결과의 법칙, 인과응보의 법칙, 보상의 법칙으로도 표현될 수 있습니다. 이들 여러 법칙들의 철학적 의미를 논하는 것이 본서의 목적은 아닙니다. 나는 그저 그 법칙이 실제 존재하며 이 사실에는 논쟁의 여지가 없음을 말하고 싶을 뿐입니다. 회의론자들이 성경에 대해 어떤 다른 비판을 하거나 투덜댈 수 있을지는 몰라도 이 진리를 부인할 수는 없을 것입니다. 이 진리를 지지하기 위해 굳이 계시에 의존할 필요는 없다고 봅니다. 그 어떤 보편적 진리보다 철학자들이 이 진리에 대해 동의를 하니까요.

### 상위 법칙

그럼에도 불구하고, 비록 이 법칙이 물질세계에서는 그대로 적용될지 모르지만 영적인 영역에서는 그렇게 확실하게 적용되지 않는다는 반론이 제기될 수 있습니다. 그러나 현대과학의 연구 결과는 이 법칙이 자연 세계에 존재하는 것과 똑같이 영적인 세계에도 존재하고 있음을 확인해 주었습니다. 사실 영적인 것이 먼저고 물질적인 세계는 나중이며 하나님께서 우주를 만들고자 하셨을 때 그분은 이미 정해 있던 노선을 그대로 따랐다고 많은 과학자들은 주장합니다. 한마디로 하나님께서는 상위 법칙을 하향 적용하셨고 그 결과 자연세계는 "초 자연세계의 화신이며, 가시적 표현이고 가동 모델"이 된 것입니다.

이와 같이 우리의 전 생애는 하나님께서 정하시고 세워 놓으신 법칙들에 의해 지배를 받고 제한 받고 있으며 사람이 심은 대로 거둔다는 것은 그가 육체에 심든 혹은 성령에 심든 간에 쉽게 관찰할 수 있고 확인할 수 있는 법칙인 것입니다. 밀과 보리를 심으면 밀과 보리를 수확하듯이 죄는 악을 거두고 의는 선을 거두는 것은 확실하다고 하겠습니다. 실로 "인생은 우연이 아니고 필연(인과응보)입니다."

앞으로 확인하겠지만 우리는 이 법칙이 성경 역사의 초기에도 분명히 적용되었음을 보게 될 것입니다. 욥의 세 친구는 욥은 큰 죄인임이 틀림없다고 생각했는데 이는 이들이 욥을 덮친 재앙들은 그의 사악함이 빚어낸 결과라고 간주했기 때문이었습니다. 친구 중 한 사람은 이렇게 말했습니다.

"원하건대 기억하라. 누가 죄 없이 멸망하였느냐? 의로운 자가 끊어지는 곳이 어디냐? 내가 보았거니와 불법을 경작하고 악을 뿌리는 자들은 바로 그것을 거두나니" - 욥 4:7,8

잠언에도 유사한 말씀들이 있습니다.

"사악한 자는 속이는 일을 행하나 의를 뿌리는 자에게는 확실한 보상이 있으리로다."
- 잠 11:18

"불법을 뿌리는 자는 헛된 것을 거두리니 그의 분노의 막대기가 쇠하리라." - 잠 22:8

이사야서에도 다음과 같은 말씀이 있습니다.

"너희는 의로운 자에게 일이 잘되리라고 말하라. 그들이 자기 행위들의 열매를 먹으리라. 사악한 자에게 화가 있을지어다! 그가 잘되지 못하니 그분께서 그의 손이 행한 대로 그에게 보응하시리라." - 사 3:10,11

호세아도 이스라엘에 대해 이렇게 예언했습니다.

"그들이 바람을 심었은즉 회오리바람을 거두리라…" - 호 8:7상

뒤이어 이렇게 충고하고 있습니다.

"너희 자신을 위하여 의 안에서 심고 긍휼 안에서 거두며…" - 호 10:12상

## 유추로 가르치기

성경은 자연으로부터 많은 유추(비유)를 이끌어 내어 진리를 제시합니다. 그리스도께서 이 땅에 계셨을 때, 주님은 하늘의 진리들을 땅의 옷을 입혀 가르

치기를 즐겨하셨습니다. 어떤 분은 다음과 같이 이에 대해 설명했습니다.

"주님은 단지 권위에 의지해서 뿐 아니라 우주로부터 많은 것을 유추하여 가르치셨다. 그분은 자신의 인간으로서의 지성을 신성한 지성과 완벽한 조화가 이루어지도록 함으로써 사물 간의 관계를 분별하실 수 있었으며 가장 난순한 자연법칙 안에서도 영원하신 하나님의 뜻을 읽어내실 수 있었다. 예를 들어 질문자들이 하나님께서 자신들에게 성령을 주실 의향이 있으신지 아닌지에 대해 물었을 때 그분께서는 자신의 정의(定義)에 근거해 진리를 계시하신 것이 아니라 모든 사람들이 관찰할 수 있는 자연 현상으로부터 답변을 유추해 내셨다. 예를 들면 "공중의 새를 보라" "들의 백합화를 보라" 등등을 말씀하심으로 그들이 스스로 해답을 얻을 수 있도록 하셨다. 왜냐하면 이들 자연 현상 속에는 하나의 원칙이 들어 있었기 때문이었다. 하나님께서는 자신이 창조하신 것들의 필요를 채우시는 분이시라는 것이다. 하나님께서는 까마귀를 먹이시고 백합화를 옷 입히시는 분이시니 자신의 자녀들의 갈망하는 영을 자신의 성령으로 채우실 것이라는 것이다."

이것이 바로 우리의 본문 말씀에서 바울이 채택한 교육방식입니다. 그는 심고 거둠이라는 간단한 현상(이 현상은 모두에게 익숙하다) 속에서 심오한 영적 도덕적 의미를 읽어낸 것입니다. 이에 따르면 모든 인간은 이생을 지내는 동안 내딛는 한걸음 한걸음마다 씨앗을 뿌리고 있는 셈입니다. 이 씨앗은 생각과 말과 행동으로 구성됩니다. 이것들은 그들로부터 밖으로 나아가 때가 되면 (때론 일찍 혹은 늦게) 싹을 내고 열매를 내게 됩니다. 즉 수확할 때가 온다는 것입니다.

## 인생은 씨 뿌리는 시기

　이 유추는 몇 가지 숭고한 교훈을 담고 있습니다. 그것은 인생이란 씨를 뿌리는 시기로 간주된다는 것입니다. 각자는 씨 뿌리고, 경작하고, 결국은 거두게 될 밭을 갖고 있습니다. 우리는 우리의 습관에 의해, 친구와 동료와의 관계에 의해, 선하거나 악한 영향력에 우리 자신을 노출시킴으로써 다가올 수확을 위한 경작을 하고 있는 셈입니다. 우리는 그 씨가 어떻게 자라고 성장해 가는지 볼 수는 없지만, 때가 되면 그 결과는 보게 될 것입니다.
　완전히 자란 열매가 씨앗 안에 잠재적으로 담겨 있듯이 죄든 거룩함이든 그 마지막 결과는 우리의 죄악된 행실이나 거룩한 행실 속에 잠재해 있는 것입니다.

"그런즉 욕심이 잉태하면 죄를 낳고 죄가 완료되면 사망을 낳느니라." - 약 1:15

　우리가 좋은 씨를 심지 않았다면 좋은 수확을 거둘 수 없듯이 우리가 성령에게 심지 않았다면 영원한 생명을 거둘 수 없습니다. 갈대는 쉽게 자랍니다. 갈대는 심지 않아도 자랍니다. 죄도 인간의 마음속에서 절로 싹틉니다. 우리의 첫 조상 아담이 하나님으로부터 떠난 이래로 인간의 마음은 그 자체가 이미 더럽혀졌고 이에 그 모든 열매는 악한 것뿐입니다.

"… 사람들의 아들들의 마음이 악을 행하려고 그들의 속에서 완전히 고정되었도다." - 전 8:11하

　이 말씀이 의심되면 어린이를 아무런 교육도, 가르침도, 훈련도 없이 그대

로 내버려둘 때 그 아이들이 어떻게 될 것인지를 자문해 보기 바랍니다. 온갖 훈련과 교육에도 불구하고 아이들이 얼마나 쉽게 악에 물드는지 잘 알지 않습니까? 따라서 힘들고 괴롭더라도 좋은 씨를 뿌려 잘 가꾸어야만 합니다. 그래야 좋은 수확을 거두게 될 것입니다.

우리는 시련을 겪을 때 동료들의 사랑을 원합니다. 그렇다면 우리가 그들이 사랑의 격려를 가장 필요로 할 때 그들을 먼저 사랑해야 합니다. 슬프고 고통스러울 때 동정을 받고 싶으십니까? 그렇다면 그들이 울 때 그들을 위해 먼저 우십시오. 영원한 생명을 거두고 싶으십니까? 그렇다면 육신이 아닌 성령에 심으십시오. 육신에 심으면 썩을 것을 거둘 것이요 성령에 심으면 썩지 않을 불멸의 열매를 거둘 것이라고 약속되어 있습니다.

챨머(Chalmer) 박사는 심는 행위와 거두는 행위의 차이를 다음과 같이 설명했습니다.

『육신의 욕망에 빠지는 것과 빠질 '준비'를 하는 것과는 다르다. 어떤 사람이 자신을 기분 상하게 만든 이웃에게 충동적으로 감정을 분출시켰다면 그는 육신적 감정을 내뿜을 상황을 예비하고 있는 것이 아니라 이미 그 육신적 욕망에 빠진 것이요. 따라서 이 사람은 이 경우 심는다기보다는 (상황이 보여 주듯) 자기만족이라는 수확을 거두고 있는 셈이다. 이와 같은 구분은 경건치 못한 성품들을 판단하는 데 있어 유효하다고 본다. 관능적 자극을 받을 때마다 절제할 능력이 너무도 부족해 매번 욕망의 노예가 되어버리는 난봉꾼의 경우 이 사람은 죄악된 욕망의 충족이라는 열매를 지속적으로 거두며 살고 있는 것이다. 또한 값비싼 명품을 이것저것 사 모으는 데서 유일한 기쁨을 얻고, 신중함이라고는 전혀 없이, 급변하는 사회의 유행이나 화려함을 추구하고 있는 그의 딸은 다가올 심판이나 영원에 대해 전혀 준비되지 않은 즉흥적 인생을 살고 있는 것이다. 그러나 이 여인의 경우는 심는다기보다 거두고 있는 것이다. 모든 물건을 사들일 돈을 모으는 일은 다른 사람 몫이고 그것을 구매하는 열매를 맛보는 것은 이 여인의 몫이다. 이 경우 심는 자는 아버지인 셈이다. 아마도 근심으로 주름이 팬 채로 유행 따라 사는 삶이 가져오는 화려함과 무의미함에 대해 극도의 혐오감에 오랫동안 시달리며 자신이 저지른 투기에 대해 괴로워하며 여생을 보내는 사람은 다름 아닌 그 사람(아버지)인 것이다.』

결국 아버지가 심고 그 아버지는 자기 딸의 인생에서 거두는 것입니다.

## 영원을 위해 그림을 그림

한 유명한 화가가 있었는데 그는 작품에 온 정성을 다 기울이는 것으로 유명했습니다. 누군가가 그에게 어째서 그토록 수고를 하는지 묻자 그는 이렇게 대답하였습니다.

"저는 영원을 위해 그림을 그립니다."

미래가 현재의 수확이 될 것, 즉 내가 죽는 순간의 나의 상태가 오늘의 나의 행동에 달려 있다는 것을 염두에 두는 것은 사려 깊은 일입니다. 내세와 다가올 심판이 있다는 사실을 믿는 것은 현재의 중요성을 증대시켜 줍니다. 왜냐하면 영원한 이슈들이 현재에 달려있기 때문입니다. 문제는 심을 기회가 영원히 계속되지는 않는다는 것입니다. 그 기회는 매 순간 우리의 손가락 사이로 빠져나가고 있습니다. 미래는 오늘 심은 씨가 어떤 수확을 거두었는지를 보여 줄 뿐입니다.

한 조각가가 한 방문객에게 자신의 작업실을 보여 주었습니다. 그 안에는 온갖 신들의 조각상이 있었습니다. 그런데 그중 하나가 매우 흥미로웠습니다. 그 얼굴이 머리털로 가리워 있었고 각 발에는 날개가 달려 있었습니다.

"이 신의 이름이 무엇인가요?" 방문객이 물었습니다.

그 조각가는 "기회입니다." 라고 대답하였습니다.

"그런데 왜 얼굴이 가리워져 있나요?"

"왜냐하면 사람들은 그가 다가와도 그가 누군지를 알아보지 못하기 때문입니다."

"그렇다면 왜 발에 날개가 달렸나요?"

"그것은 그가 곧 가버리기 때문이요, 한번 가면 다시는 쫓아갈 수 없기 때문입니다."

그렇다면 하나님께서 우리에게 주신 기회를 최대한 살리는 것이야말로 우리가 마땅히 해야 할 도리인 셈입니다. 우리의 미래가 어떻게 되느냐는 거의 우리 자신에게 달려 있습니다. 우리는 좋은 수확을 위해 심을 수 있습니다. 반면 우리는 시독스(Sioux) 인디언들처럼 할 수도 있습니다. 이 인디언 부족은 미국 인디언 문제 담당 책임자가 보낸 씨앗을 심지 않고 다 먹어 치워 버렸습니다. 사람들은 현재라는 순간을 잠깐 즐기기 위해 영원한 미래를 끊임없이 희생시키고 있습니다. 사람들은 자신의 미래가 현재에 달려 있다는 진리를 인식하지 못하거나 이를 소홀히 하고 있습니다.

## 사소한 것은 없다

위의 관점에서 보면 우리는 이 세상에는 그 어떠한 것도 사소한 것이 없음을 배울 수 있습니다. 우리의 모든 생각, 말 그리고 행동 하나하나가 영원한 영향을 끼치고 씨가 수확 때에 되돌아오듯 이 모든 것 역시 우리에게 되돌아온다는 사실을 깨닫게 될 때 우리는 우리의 생각, 말, 행동이 아무리 사소하게 보일지라도 그 결과에 대해 책임을 져야 한다는 사실을 인식하게 됩니다. 우리는 작은 일에 달려 있는 결과를 간과하는 경향이 있습니다. 그러나 만유인력의 법칙은 사과가 떨어지는 사소한 사건에 의해 힌트를 얻어 발견되었습니다. 몇 년 전 하버드대학 교수 한 사람이 누에와 우성교배를 할 수 있다는 희망으로 집시나방을 미국에 들여왔다고 합니다. 그런데 이 나방이 달아나 버렸고 엄청난 속도로 번식을 해 결국 메사추세츠주 당국은 이들을 멸절시키기 위해 수십만 달러를 써야만 했습니다.

H. M 스탠리(Stanley)씨가 검은 대륙 아프리카의 밀림을 뚫고 나아갈 때 그의 일행의 가장 많은 목숨을 앗아가고 탐험대를 거의 패배 직전까지 몰고 간 자들은 다름 아닌 난장이 왐부티(Wambutti) 족이었습니다. 이들이 어찌나 괴롭혔는지 이들의 거주지를 빠져 나가는 데는 무척 많은 시간이 걸렸습니다.

이들 난장이들은 어린아이 장난감 같은 작은 활과 화살만을 갖고 있었지만 화살촉에 소량의 독이 묻어 있어 윈체스터 소총만큼이나 신속하고 확실하게 코끼리든 사람이든 모두 죽였다고 합니다. 이들은 독과 함정으로 스스로를 방어했습니다. 이들은 어둠을 틈타 숲으로 숨어 들어가 매복해 있다가 발견되기 전 그 치명적인 화살을 쏘아대곤 했습니다. 이들은 땅을 파 함정을 만들고 그 위를 나뭇잎으로 조심스럽게 덮어 놓았습니다. 그리고 땅에 못을 박고

끝에 가장 치명적인 독을 묻혀 놓고 위를 가렸습니다. 사람이든 짐승이든 이 구덩이로 떨어지거나 이 못을 밟게 되면 떨어져 잡히거나 독으로 인해 죽게 됩니다.

한 여자가 거의 알지 못하는 해군 군인에게 위문편지를 쓰면서 '다른 사람들처럼 그냥 보낼까, 아니면 주님을 위해 한마디 덧붙일까?'라고 생각하다가 잠깐 마음을 하늘을 향해 우러러 보고는 그 군인이 항해하며 구경하는 풍경과 장소들은 그저 "우리는 이 세상에 영원한 도시를 갖고 있지 않다."라는 말씀을 잘 보여주고 있을 뿐이라고 하면서 그가 "나는 장차 올 도시"- 히 13:14 를 갖고 있노라고 대답할 수 있는지를 물었습니다. 그녀는 떨리는 마음으로 그 편지를 봉해 보냈습니다.

답변이 이렇게 왔습니다.

"그처럼 친절한 편지에 감사드립니다. 저는 고아이며 오래전 어머니께서 돌아가신 이래 그 누구도 저에게 그렇게 말한 사람은 없었습니다."

그녀가 모험 삼아 한 번 쏴 본 화살이 명중한 것입니다. 그 결과 얼마 후 그 젊은 군인은 평강의 복음이 가져다 준 충만한 복을 받고 크게 기뻐하였습니다.

이름이 알려져 있지 않은 한 사람이 영국 남부에 있는 한 감리교회에서 몇 사람을 앞에 놓고 설교를 했습니다. 그 안에는 폭풍으로 인해 그 예배당으로 들어올 수밖에 없었던 열다섯 살 가량 된 소년이 있었습니다. 그 사람은 "나를 바라보라. 그리하여 너희는 구원을 받을지어다."- 사 45:22 라는 말씀을 본문으로 택했습니다. 그는 최선을 다해 더듬으며 말씀을 전했고 하늘의 빛이 그 소년의 가슴을 비추었습니다. 그가 그 예배당을 나설 때 그는 구원을 받았으니 그가 곧 소년 설교자 C. H 스펄전(Spurgeon)으로 알려진 사람입니다.

영국의 엡워드(Epwerth)에 있는 주임 목사관에 밤에 불이 났습니다. 한 아들을 빼고 모두 구조 되었습니다. 그들 중 한 소년은 창가로 와서 두 명의 농장 일꾼에 의해 안전하게 바닥으로 옮겨졌습니다.(이때 한 사람이 다른 사람의 어깨 위에 올라서서 이 소년을 옮겼습니다) 이 소년이 바로 요한 웨슬리였습니다. 그 작은 구출 작전이 가져온 엄청난 결과에 대해 알고자 한다면 감리교 창시자로 요한 웨슬리를 존경하는 수백만 명의 감리교도들에게 물어보면 될 것입니다.

# 2. 속지 말라. 하나님은 조롱당하지 아니하시나니

"속지 말라, 하나님은 조롱당하지 아니하시나니…" - 갈 6:7상

"아무도 헛된 말들로 너희를 속이지 못하게 하라…" - 엡 5:6상

"한 사람이 다른 사람을 조롱하듯
너희가 그분을 조롱하느냐?" - 욥 13:9하

Sowing and Reaping

2

# 속지 말라.
# 하나님은 조롱당하지 아니하시나니

아무도 헛된 말들로 너희를 속이지 못하게 하라… - 엡 5:6상
한 사람이 다른 사람을 조롱하듯 너희가 그분을 조롱하느냐? - 욥 13:9하

우리 모두는 속는다는 것이 무엇인지 잘 알고 있습니다. 우리는 친구, 이웃, 원수 그리고 친척에게 속아본 적이 있을 것입니다. 경건치 못한 친구들이 우리를 속여 왔습니다. 인생의 이런저런 순간마다 이런저런 모양으로 속임을 당하고 사는 것이 인간입니다.

거짓선생들은 우리 길을 가로 막고 서서 우리에게 선을 베푼다는 핑계하에 우리의 지성을 오류로 물들였습니다. 이들은 우리에게 희망을 제시했으나 그 희망은 늘 거짓으로 판명 나고 말았습니다. 결국 그것은 겉은 그럴싸하나 속은 재로 가득 찬 소돔의 사과였을 뿐입니다. 그들은 "하나님은 없다. 내세도

없다. 다가올 심판도 없다."고 우리에게 말합니다. 또 어떤 이들은 "모든 사람은 결국 다 구원 받을 것이다. 우리가 할 수 있는 최선을 다하면 언젠가 구원 받을 것이다. 구원 받을 수 있는 충분한 시간이 있다."고 말합니다.

죄 또한 우리를 속여 왔습니다. 모든 죄인은 기만을 당하고 있는 것입니다. 죄는 죄인에게 미소와 함께 찾아와 순수하지 못하고 지속될 수 없는 쾌락과 즐거움을 제공합니다.

보스톤에서 열린 집회 기간 중 한 청년이 집회가 열리는 상소(당시는 큰 천막을 쳤었음) 안으로 들어 왔습니다. 그는 두리번거리면서 그곳에 온 사람들을 바보라고 생각했습니다. 직장도 있고 안락한 집도 있으며 좋은 옷을 입은 사람들이기에 그러했습니다. 반면 그는 이 세상에서 가진 것이 전무했습니다. 그는 노숙자였으며 몸 좀 녹이려고 그 안으로 들어온 것 뿐이었습니다.

하루 밤 하루 밤 오다보니 결국 두 주간이나 그는 그곳에 오게 되었고, 그날 밤 나는 그가 앉아 있는 바로 그곳을 향해 쏘아보면서 "젊은이, 속지 마시오."라고 말했습니다. 하나님께서는 그 메시지를 그의 가슴에 화살처럼 꽂아 넣었습니다. 그는 자신에 대해 생각하기 시작했습니다. 그는 보스톤에서 보냈던 좋은 시절을 회상하기 시작했습니다. 그는 좋은 임금을 받았었고 좋은 회사에 다녔고 많은 좋은 친구들이 있었습니다.

그는 자신의 현재의 처지를 바라보았습니다. 친구들은 다 가버렸고 좋은 옷도, 돈도 다 없어졌습니다. 그는 버림받은 자로서 그곳에 서 있었던 것입니다. 그는 스스로에게 "나는 속아 왔어."라고 말했습니다. 그 순간 하나님께서 그를 깨우셨습니다. 그는 자기를 위해 기도해줄 친구를 얻기 원했습니다. 그러나 그는 종이 살 돈도, 우표 살 돈도 없었기에 찢어진 낡은 종이쪽지 하나를 얻어 길에 서 있으면서 텐트 안에서 읽을 수 있도록 기도 요청을 그 위에 썼습니다. 하나님께서 자기같이 가난하고 버림받은 사람도 구원하시고자 하신다면 자기는 구원 받고 싶다고 했습니다. 그리고는 응답이 되었습니다. 느브갓네살왕의 경우처럼 그의 친구들이 그에게 다시 모여들었고 주님께서 그를 회사에 원래 지위로 회복시켜 주셨습니다. 자기가 어떻게 속아 왔는지를 볼 수 있도록 그에게 눈이 열린 것이었습니다.

## 사탄

이 세상에 얼마나 많은 사람들이 이 세상의 신(the god of this world)에게 속고 있는지 실로 안타까운 일이 아닐 수 없습니다. 지난 보불전쟁(독일과 프랑스 간의 전쟁)에서 독일의 북치는 자와 나팔수들은 프랑스군이 사용하는 북소리와 나팔소리를 사용해 적군을 속였다고 전해집니다. "멈춰" 혹은 "사격중지"라는 명령이 독일 고수와 나팔수들에 의해 떨어졌고 프랑스 병사들은 뒤이어 가축이 도살당하듯 제자리에서 총살당했다고 합니다.

이처럼 사탄은 우리의 혼을 노리는 대적으로서 거짓을 통해 우리의 이성을 마비시키고 양심을 속여 왔습니다. 그는 자주 빛의 천사로 나타나 옷의 날개 속에 자신의 극악무도함을 숨겨 왔습니다. 그는 젊은이에게 이렇게 말합니다.

"젊을 때 실컷 즐겨라. 나이 들어 종교를 가져도 늦지 않다."

젊은이들은 대단한 만족감을 얻을 줄 알고 거짓 희망을 안고 방탕과 방종하는 삶에 빠집니다. 그러면서도 자신의 욕망이 너무 커져 궁핍과 재앙의 나락으로 굴러 떨어지기 전에 속임수에 깨어 있기만 하면 모든 것이 다 잘 될 줄로 생각합니다. 사탄은 이들의 욕망을 충족시키기만 하면 엄청난 만족이라도 줄 것처럼 헛된 약속으로 희생자를 모집합니다. 그러나 이 약속은 결코 실현되지 않습니다. 그가 약속한 즐거움은 고통으로, 하늘나라는 지옥으로 끝나고 마는 것입니다.

사탄이 이브를 속일 때처럼 당신을 속이지 못하도록 주의하십시오.

"… 그는 처음부터 살인자요 자기 속에 진리가 없으므로 진리 안에 거하지 아니하고 거짓말을 할 때에 자기의 것으로 말하나니 이는 그가 거짓말쟁이요 거짓의 아비이기 때문이라." - 요 8:44하

## 우리의 마음

그러나 우리는 그 무엇보다도 우리 자신의 마음에 의해 더 많이 속아 왔습니다.

"마음은 모든 것보다 거짓되고 극도로 사악하니 누가 그것을 알 수 있으리요?" - 렘 17:9

이 말씀이 진리인 것을 체험해 보지 못한 사람이 과연 있을까요? 다시는 그 것을 하지 않겠노라고 해놓고 하루도 채 안돼 그것을 다시 했던 순간이 얼마나 많았는지. 우리가 우리 자신을 얼마나 쉽게 속이는지요? 솔로몬은 이렇게 말했습니다.

"자기 마음을 신뢰하는 자는 어리석은 자이나…" -잠 28:26상

루터는 한때 자기는 교황과 모든 추기경들보다 자기 자신의 마음이 더 무섭다고 말했다고 합니다.

많은 여자들이 남편 때문에 울며 살면서도 나에게 와서는 "우리 남편은 마음은 착하거든요."라고 말하곤 합니다. 실은 사람의 마음이야말로 가장 악한 곳이라고 할 수 있습니다. 만약 그의 마음이 선하다면 나머지 모든 것 또한 올바를 것입니다. 왜냐하면 마음에서 삶의 모든 문제(All the issues of life)가 나오기 때문입니다. -잠 4:23 그리스도께서도 이렇게 말씀하셨습니다.

"속에서 곧 사람들의 마음에서 악한 생각, 간음, 음행, 살인, 도둑질, 탐욕, 사악함, 속임, 색욕, 악한 눈, 신성모독, 교만, 어리석음이 나오는데" -막 7:21,22

이 구절은 그리스도께서 거듭나지 않은 자의 마음에 관해 질책하신 말씀입니다.

몇 년 전 한 기가 막힌 그림 하나가 런던에서 전시된 적이 있었습니다. 멀리서 보면 이 그림은 한 수도승이 기도하고 있는 모습으로 보입니다. 손을 마주 잡고 고개를 숙인 모습입니다. 그러나 가까이 다가가 더 자세히 그림을 살펴보면 그 그림속의 남자는 실상은 레몬을 통속에 짜 넣고 있는 모습입니다.

이 그림이야말로 인간의 마음을 그대로 보여 주고 있다고 하겠습니다. 얼핏 보면 마음은 한 인간의 모든 선하고 고귀하고 즐거운 것이 자리 잡고 있는 곳처럼 보이는데, 실상은 성령에 의해 거듭나기까지는 모든 부패의 온상인 것입니다.

"정죄는 이것이니 곧 빛이 세상에 왔으되 사람들이 자기 행위가 악하므로 빛보다 어둠을 더 사랑한 것이니라." - 요 3:19

한 유대인 랍비가 학자들에게 한 인간이 곧바른 길을 갈 수 있도록 그를 지켜줄 최고의 것은 무엇인지 물었습니다. 한 사람은 좋은 기질이라고 말했습니다. 또 한 사람은 좋은 친구라고 말했습니다. 그리고 또 한 사람은 지혜야말로 가장 필요한 것이라고 했습니다. 마지막에 남은 한 학자는 선한 마음이야말로 모든 것 중의 으뜸이라고 대답했습니다.

이에 그 랍비는 "그렇습니다. 당신의 대답은 다른 모든 사람의 대답을 다 포괄하고 있소. 선한 마음을 지닌 사람은 선한 기질도 갖고 있을 것이고, 선한 친구인 동시에 지혜로운 사람도 될 것이기 때문입니다. 그러니 각자 항상 마음이 성실하고 올바르게 되도록 가꾸어야 합니다. 그러면 많은 슬픈 일을 피할 수 있을 것입니다."라고 그 마지막 학자에게 대답했습니다. 우리 또한 다음과 같은 다윗의 기도를 드려야만 합니다.

"오 하나님이여, 내 안에 깨끗한 마음을 창조하시고" - 시 51:10상

## 하나님은 조롱당하지 아니하신다

성경의 하나님께서는 결코 그 누구도 속이신 적이 없으시며 속일 수도 없으시고 속이시지도 않으실 것이라는 사실을 명심하기 바랍니다. 바로 이것이 '성경의 하나님'과 '이 세상의 신'의 다른 점입니다. 하나님께서는 인간의

걷는 길들을 바라보시며 마음속을 들여다보시고 인간의 비밀스러운 길들도 다 아십니다. 그 누구도 그분에게 말씀드릴 필요도 없고 그분으로부터 무엇을 숨기려고 할 필요도 없습니다.

우리가 우리 자신이나 다른 사람들을 속이거나 거꾸로 속임을 당할 수 있을지는 모르지만 그분을 속일 수는 없습니다. 아담과 이브는 이미 동산의 나무들 가운데서 주님의 임재로부터 숨었을 때 그분을 시험한 셈이었습니다. 사울 또한 하나님께 희생물로 바친다는 핑계 하에 아말렉 족속의 양과 소 중에서 최상품을 숨겼을 때 하나님을 속이려고 시도한 것이었습니다. 아나니야와 삽비라 역시 자신들이 판 땅 대금의 일부를 빼돌렸을 때 하나님을 속이고자 했던 것입니다.

"베드로가 이르되, 아나니야야, 어찌하여 사탄이 네 마음에 가득 차서 네가 성령님께 거짓말을 하고 땅값의 얼마를 감추었느냐? 땅이 남아 있었을 때에 네 것이 아니었느냐? 그것을 판 뒤에도 네 마음대로 할 수 있지 아니하였느냐? 네가 어찌하여 이 일을 네 마음속에 품었느냐? 네가 사람들에게 거짓말하지 아니하고 하나님께 하였도다, 하니" - 행 5:3,4

인간은 매일 이를 시도하고 있습니다. 인간들은 하나님께서 조롱당하실 수 있다고 머릿속에 생각하는 것입니다. 그들은 목사와 고용주와 친구는 속일 수 있기에 하나님도 속일 수 있다고 생각합니다. 이에 사람들은 거짓 표정을 짓고, 공허한 말들을 쓰며, 헛된 봉사를 하고 거짓 핑계를 대며 온갖 위선에 빠져듭니다. 그러나 이 모든 것이 하나님을 속이는 데 아무 소용이 없습니다. 하나님께서는 회칠한 무덤 속에서 썩고 있는 그것을 보고 계십니다.

## 그리스도인들에게 드리는 경고

우리는 이 경고 메시지가 그리스도인들 - 갈라디아 지역의 교회 지체들 - 에게 보내어진 사실에 주목할 필요가 있습니다. 사람이 항상 큰 죄에 대해서만 속는 것은 아닙니다. 술꾼도 깨어있을 때에는 자신의 절제 못하는 행동이 어떤 결과를 가져올 것인지에 대해 알고 있습니다. 술꾼이 되면 자존감도 사라지고 친구들과의 관계도 무너지며 심지어는 손을 떨거나 얼굴의 피부가 변하는 등의 신체적인 변화에 이르기까지 쉽게 감지할 수 있는 열매를 거두기 마련입니다. 방탕한 사람 역시 질병 등이 생겨 죄 값을 치르게 되며 이것이 때로는 그런 위험한 삶을 계속 살아서는 안 된다는 효과적인 경고가 되기도 합니다. 그러나 "그럴싸한" 죄들의 경우는 다릅니다. 이 경우에는 수년간을 심으면서도 어떤 수확을 거둘지 본인 자신도 모를 수 있습니다.

씨 뿌리는 자의 비유를 보면 가시 사이에 떨어진 씨들의 경우 가시가 자라 그 씨앗을 질식시켜 버립니다. 우리 주님께서는 이에 대해 이렇게 말씀하셨습니다.

> "가시나무들 사이에 씨를 받은 자 또한 말씀을 듣되 이 세상의 염려와 재물의 속임수가 말씀을 숨 막히게 하므로 열매 맺지 못하는 자니라." -마 13:22

과연 누가 세상으로부터 혹은 재물로부터 그런 결과가 생길 것을 기대했겠습니까? 그러나 그리스도께서는 재물에 관한 한 경고의 말씀 외에는 달리 말씀하신 적이 없습니다. 그런데도 오늘날 우리들은 재물을 이런 관점에서 바라보려고 하지 않습니다. 사람들은 재물을 추구하면서 서로를 함정에 빠뜨리고 있습니다. "속지 말라." 마음을 돈에다 올려놓은 사람은 육체에다 심고 있는 것이요 결국엔 육체로부터 썩을 것을 거둘 것입니다. 그 누군가가 말하기를 "역경은 사람을 수천 번 죽이나 변명은 수만 번 죽인다."라고 했습니다.

한 신사가 넓고 비옥한 땅으로 둘러싸인 멋진 저택을 지나가며 같이 가던 사람에게 물었습니다.

"이 토지의 가치가 얼마나 됩니까?"

"그 가격은 모르겠고 다만 그것 때문에 주인이 큰 손해를 보았다던데요."

"얼마나 말입니까?"

"그의 혼을 잃었다지요, 아마."

한 영국의 성직자가 자기 교구의 성도 가운데 한 부유한 사람의 임종에 부름을 받았습니다. 그 목사는 죽어가는 사람 옆에 무릎을 꿇고서 그 장엄한 순간에 그를 위해 기도할 테니 손을 붙잡을 수 있도록 내밀라고 부탁했습니다. 그러나 그 사람은 이를 거절했습니다. 결국 그는 죽었고 사람들이 이불을 벗겨보니 그는 금고 열쇠를 꽉 움켜쥐고 있었습니다. 마지막 순간까지 손과 마음을 다해 재물을 붙들고자 했으나 그는 그것을 가지고 갈 수 없었습니다.

사람이 교만할 때 그 교만의 죄는 때로 미덕처럼 보이기도 합니다. 그러나 하나님의 평가는 이러합니다.

"마음이 교만한 자는 다 주께 가증한 자니…" - 잠 16:5상

높은 눈과 교만한 마음은 죄라고 성경은 말씀합니다. 바로 이것이 사람들이 쉽게 저지르는 실수입니다. 그들은 존경 받을 만한 삶을 살면 그것으로 됐다고 생각합니다. 이들은 자신들이 마음속으로 사랑하는 것들 대부분 위에

부패라는 얼룩이 붙어 있음을 인정하려고 하지 않습니다. 그러나 그리스도인이라고 신앙을 고백하는 사람들은 이에 속지 않도록 주의해야 합니다.

## 소홀히 함

우리는 우리의 생각과 행동과 감정에 있어 아주 조심하지 않으면 안됩니다. 우리가 속는 이유는 거의 이런 것들을 소홀히 했기 때문입니다. 우리는 우리의 마음과 생각을 하나님의 임재 앞에 놓고 그분의 거룩하신 뜻에 의해 이것들을 판단하기 위해 계속해서 우리 스스로를 점검해야 합니다. 자살하기 위해 총을 사용할 필요는 없습니다. 건강유지를 위한 적절한 조치를 소홀히 하면 얼마 있어 죽을 것입니다. 적이 강하고 공격이 심할 때는 경계를 잘 서고 모두가 깨어 임무를 다하지 않는다면 아군은 패퇴하거나 포로가 되는 것은 불을 보듯 뻔하다고 할 것입니다.

스위스에서는 폭풍이 부는 시즌보다 날씨가 좋은 때 사고가 더 많다고 합니다. 사람들은 좋은 여건 하에서 산행을 하고 싶어 합니다. 이런 때에는 주의 깊게 조심해서 행동하는 데 소홀하다고 합니다. 도덕적, 영적 재앙도 우리가 느슨해져 시험을 소홀히 할 때 덮치게 마련입니다. 우리는 번영의 시기에 교만해지고 자신을 신뢰하게 됩니다. 반면 역경이 닥치면 우리는 살아 계신 하나님께로 나아가 도움과 위로를 구합니다.

존슨 박사는 이렇게 말했습니다.

"이 세상에 이토록 거짓이 난무하는 이유는 고의적인 거짓말 때문보다는 진리에 대해 소홀하거나 부주의했기 때문이다."

따라서 우리는 지속적으로 깨어 있을 필요가 있습니다. 페르샤 사람들은 찾아낼 수 있는 모든 뱀과 독을 지닌 생물들을 죽이는 축제를 매년 연다고 합니다. 문제는 이들이 못 찾은 나머지가 다음해 축제 때끼지 마음대로 떼지어 다니도록 내버려 둔다는 것입니다. 이것은 크게 잘못된 것입니다. 죄 또한 뱀처럼 빨리 번식합니다. 따라서 우리는 지속적으로 깨어 있어야 합니다.

우리는 우리의 삶의 모든 부분에서 깨어 있지 않으면 안됩니다. 많은 사람이 자신이 안전하다고 생각하는 그곳에서 넘어지곤 합니다. 모세는 가장 온유한 사람으로 정평이 나 있었습니다. 그럼에도 그는 이스라엘 자손이 그를 진노케 했을 때 지혜롭지 못하게 입술을 놀려 결국 약속의 땅에 들어갈 수 없었습니다. 베드로는 제자들 중 가장 열심이고 도전적이며 담대하고 용맹했습니다. 그러나 그는 그 자신 있는 부분에서 넘어져 거짓말을 하고 거짓 맹세도 하면서 계집종 앞에서조차 비굴하게 행동했습니다.

옛 우화를 예로 들어 봅시다. 외눈박이 암사슴 한 마리가 있었는데 늘 바닷가에 있는 풀밭에서 풀을 뜯곤 했습니다. 그녀는 자신을 지키기 위해 안 보이는 한 눈은 바다 쪽을 향하게 하고 잘 보이는 눈은 들판 쪽을 향하게 했습니다. 바다로부터는 아무런 위험이 닥치지 않을 것이기 때문이었습니다. 이를 알게 된 몇 사람이 보트를 타고 바다로부터 다가와 암사슴을 쏘았습니다. 암사슴은 마지막 숨을 몰아쉬면서 이렇게 말했습니다.

"오 쓰라린 운명이여, 아무런 해를 입지 않으려고 기대했던 그곳으로부터 치명상을 입게 되었고 가장 위험하리라고 경계했던 곳으로부터 안전했구나."

위험과 필요가 닥칠 때마다 하나님께 더 가까이 다가설 기회를 얻으십시오. 하나님께서는 결코 졸지도 주무시지도 않으십니다. 그분이 지키시면 안전합니다. 기도로 그분을 꽉 붙드십시오.

"깨어 기도하라." - 마 26:41

## 기독교는 책임이 없다

입으로만 신앙을 고백하는 자들이 겪는 속임수에 대해 기독교는 책임이 없습니다. 쿠나드(Cunard) 회사가 운영하는 배에서 뛰어내려 자살한 사람에 대해 누가 책임을 져야 하는지 한번 논리적으로 잘 생각해보기 바랍니다. 그 사람이 배에 그대로 있었더라면 그는 안전했을 것입니다. 마찬가지로 그리스도인이 자신의 원칙에 충실한 채로 있는다면 결코 위선자로 드러나지는 않을 것입니다. 위선을 그리스도만큼 강렬하게 비판한 분이 또 계십니까? 교회 지도자들이나 주일학교 교사들의 스캔들로 교회가 자주 욕을 먹는 이유가 무엇인지 알고 싶으십니까? 그것은 기독교 진리가 잘못되었기 때문이 아니고 그 당사자가 그 진리를 소유하고 있지 않기 때문입니다. 숨겨놓은 죄가 마음을 파먹어 들어가다가 결정적인 순간 그는 무너지고 그 부패한 것은 드러나고 마는 것입니다.

## 속임수는 결코 영원히 지속될 수 없다

속임수가 영원할 수는 없습니다. 링컨은 이렇게 말했습니다.

"당신은 얼마간 모든 사람을 속일 수 있을지 모른다. 또는 몇 사람을 항상 속일 수 있을지도 모른다. 그러나 당신은 결코 모든 사람을 계속해서 속일 수는 없을 것이다."

죽은 후 당장 드러나지 않는다 할지라도 죽음이 그 속임수를 들쳐 낼 것입니다. 우롱당하지 아니하시는 하나님의 임제 앞에서 더 이상 속을 필요가 없는 불행한 "피해자"로 서 있게 될 것이기 때문입니다.

# 3. 심는 사람은 거두기를 기대한다

"그러므로 형제들아, 주께서 오실 때까지 인내하라. 보라, 농부가 땅에서 나는 귀한 열매를 바라고 이른 비와 늦은 비를 받을 때까지 오랫동안 그것을 위해 인내하느니라." - 약 5:7

Sowing and Reaping

# 3

# 심는 사람은 거두기를 기대한다

그러므로 형제들아, 주께서 오실 때까지 인내하라. 보라, 농부가 땅에서 나는 귀한 열매를 바라고 이른 비와 늦은 비를 받을 때까지 오랫동안 그것을 위해 인내하느니라. - 약 5:7

심음과 거둠의 법칙에 관한 4가지 사실에 주목하시기 바랍니다. 우선 심는 사람은 거두기를 기대하며 심는다는 것이고, 둘째로 사람은 자기가 심은 것과 동일한 종류를 거두기를 기대한다는 것이며, 셋째로 사람은 더 많이 거두기를 기대한다는 것이고, 마지막으로 어떤 종류의 씨앗인지 모르고 심었다고 해도 아무런 차이가 없다는 것입니다.

첫째, 심는 사람은 거두기를 기대하며 심는다.
어떤 농부가 봄마다 씨를 뿌리되 가을에 아무것도 거두지 않는다면 아마 그 사람은 정신병원에나 가야 할 사람일 것입니다. 심는 사람은 자신의 수고에 대한 보상을 거두게 될 때를 늘 기대하는 법입니다. 심는 사람이 자신이 뿌린 씨앗이 소실되어 버릴 것을 기대하는 법은 없습니다.

젊은이가 어떤 사업이나 직업을 위해 오랜 기간 조수로 봉사한다면 그는 그 언젠가 자신의 인내와 노력의 결실을 거두게 될 것을 기대할 것입니다. 기술자더러 왜 그 일을 배우려고 5년, 6년, 7년씩 애써 노력하는지 물어보십시오. 그는 "언젠가 명예와 부를 얻게 될 수확의 날을 기대하고 있기 때문이죠." 대답할 것입니다. 변호사가 오랜 기간 열심히 공부하는 것도 그로 인해 고객이 늘어나 결국 자신의 수고가 보상받게 될 것을 기대하기 때문입니다. 많은 의학도들이 대학시절 학비를 조달하면서 애써 공부하느라 엄청난 고생들을 합니다. 그러나 그들은 곧 학위를 받고 의사가 될 수확의 때가 오고 있음을 기대하기에 수고를 마다하지 않는 것입니다.

어떤 경우는 즉시 수확이 가능하기도 하나 대부분의 경우 자연계의 법칙은 씨가 자라 열매 맺기까지는 시간이 걸린다는 것입니다. 한 가지 분명한 것은 씨앗은 계속 자라고 있다는 것입니다. 처음에는 푸른 싹이 땅을 뚫고 나오더니 잎사귀가 나오고 그 다음에 이삭이 되고 결국 알곡이 됩니다. 자기가 뿌린 씨가 버섯처럼 하룻밤 사이에 솟아나지 않는다고 실망하는 농부는 없습니다. 적당한 때에 수확의 시기가 올 것을 알기에 농부는 인내로 기다리는 것입니다.

우리의 행동이 거두게 될 수확에 있어서도 마찬가지입니다. 죄로부터 쾌락을 기대하지 않고 죄를 짓는 사람은 아마도 거의 없을 것입니다. 술꾼은 그저 마시기 위해 술을 마시는 것이 아니고 즐거움을 얻을 소망을 갖고 마시는 법입니다. 도둑도 그저 훔치기 위해 훔치는 것이 아니고 이득을 취하고자 그런

짓을 합니다. 선한 사람의 경우도 마찬가지입니다. 선한 사람이라고 희생을 위한 희생을 하는 것이 아니고 그 희생으로 다른 사람들에게 유익을 가져다 주며 돕고자 함입니다. 이 모든 것들이 목적을 이루기 위한 수단들인 것입니다. 이처럼 뭔가를 시도하는 사람이 수확을 기대함은 당연한 이치입니다.

## 뿌린 것은 분명히 거두게 된다

"… 사람이 무엇을 심든지 또한 그것을 거두리라." -갈 6:7

이 말씀은 이 법칙의 확실성을 보여줍니다.

우리는 농사에 있어 수확에 실패를 보는 수가 있음을 알고 있습니다. 하지만 영적인 세계에 있어서는 그와 같은 실패는 불가능합니다. 젖은 흙은 씨앗을 썩게 할지 모르고 서리가 내려 일찍 움튼 싹을 시들게 해버릴지도 모르며 날씨가 너무 습하거나 건조하여 곡식이 익지 못하게 만들 수도 있겠으나 영적 세계의 경우 이와 같은 것들 중 그 무엇도 자신이 행한 행동의 결과를 막을 수는 없습니다. 성경 말씀에 따르면 하나님께서는 각 사람에게 그 행동에 따라 갚으신다고 합니다.

"참고 꾸준히 잘 행함으로 영광과 존귀와 죽지 아니함을 구하는 자들에게는 영원한 생명으로 갚으시고 논쟁하기 좋아하며 진리에 순종하지 아니하고 불의에 순종하는 자들에게는 격노와 진노로 갚으시리라. 악을 행하는 사람의 모든 혼 위에 환난과 곤고가 닥치리니 먼저는 유대인의 혼 위에요 또한 이방인의 혼 위에며" -롬 2:7-9

이 말씀에 따르면 우리의 삶의 모든 영역에 걸쳐 - 육체, 도덕, 지성 - 우리가 품은 생각들, 이 모두가 기록되며 각각에 해당되는 보응이 있을 것이라는 것입니다. 이는 하나님께서는 사람의 외모를 존중하시지 않기 때문입니다.

한 가지 간과해서는 안 될 것은 수확이란 뿌려진 것의 필연적 결과로써 주어진다는 사실입니다. 흔히들 하나님을 도덕적인 독재자로 간주하는 경향이 있지만 그것은 사실과 다릅니다. 하나님께서는 각각의 행동들에 대해 그때마다 심판과 징벌을 내리시는 재판관이 아니십니다.

하나님께서는 법을 세우시고 그 법에 따라 심판하시는데 그중 심음과 거둠의 법칙이 그 하나이며 징벌은 죄의 필연적 결과인 것입니다. 이 법을 피해갈 수 있는 사람은 아무도 없습니다. 다른 사람들이 당신과 '함께' (with) 수확을 거둘지는 모르지만 당신을 '대신해서' (for) 거둘 수는 없습니다. 본문 말씀은 더 나아가 수확은 단 두 종류가 될 것을 가르쳐 줍니다. 이 심음과 거둠의 법칙에 따르면 육체에 심고 썩을 것을 거두거나 성령에 심고 영생을 거두는 것 둘 중 하나라는 것입니다.

## 육신에 심음

"육신에 심는다"는 것이 단순히 몸을 잘 관리한다는 것까지 의미하는 것은 아닙니다. 몸은 하나님의 형상으로 만들어졌으며 믿는 자의 몸은 성령의 전이요, 이 형상을 적절히 돌보는 것은 하나님을 기쁘시게 하는 일임에 틀림없습니다. "육신에 심는다"는 말씀은 육신의 욕심에 자신을 내어 맡겨 욕망을 충족시키고자 하는 것이며 인간의 더 고상한 부분을 희생시켜 합당치 않은 욕구를 만족시키려는 것이고 이는 지나칠 경우 죄가 될 수 있는 인간의 동물적 본성에 탐닉하는 것입니다. "육신에 심는다"는 것은 이기심이라는 씨앗을 뿌리는 것이니, 결국은 썩은 것을 거두기 마련입니다.

"우리가 육신 안에 있었을 때에는 율법으로 말미암은 죄들의 활동이 우리 지체 안에서 일하여 사망에 이르는 열매를 맺게 하였으나" - 롬 7:5

그렇다면 바울이 말하고 있는 육신의 일들은 무엇입니까?

"… 간음과 음행과 부정함과 색욕과 우상 숭배와 마술과 증오와 불화와 경쟁과 진노와 다툼과 폭동과 이단 파당과 시기와 살인과 술 취함과 흥청댐과 또 그와 같은 것들이라 …" - 갈 5:19-21

1867년 나는 파리 박람회에 갔었는데 길이와 폭이 각 30cm 밖에 안 되는 유화 한 점을 보았습니다. 그것은 내가 그때까지 본 것 중 가장 끔찍한 그림이었는데 그 그림에는 "독초를 심고 있는 사람"이라는 제목이 붙어 있었습니다. 그 얼굴 모습은 인간이라기보다는 마귀였습니다. 그가 독초를 뿌리자 뱀과 파충류들이 나타나 그의 몸에 기어오르고 있었으며 주위는 온통 먹이를 찾아 헤매는 늑대와 짐승들뿐이었습니다. 그 후 나는 그런 모습의 얼굴을 너무도 많이 보아 오고 있습니다. 심었으면 거둘 때가 옵니다. 만약 당신이 육신에 심었다면 육신을 거두게 될 것입니다. 만약 당신이 바람을 심었다면 당신은 회오리바람을 거두게 될 것입니다.

큰 죄에 빠지는 것만이 육신에 심는 유일한 방법이라는 생각은 잘못된 것입니다. 하나님을 향하지 않은 모든 욕망과 모든 행동이 다 육신에 심는 것입니다. 돈이나 야망을 향해 심는다면 육신에 심는 것인즉 거짓말쟁이와 간음하는 자가 거두듯이 그렇게 썩을 것을 거두게 될 것입니다. 그 씨앗이 아무리 "공손"하고 "세련되고" "존경스러워" 보인다 할지라도, 아무리 좋은 씨앗을 닮은 것처럼 보여도, 그 본래 성품은 드러나게 마련이요, 부패와 어두운 그림자가 그 위에 드리우게 될 것입니다.

이와 같은 사실에 비추어볼 때 얼마나 많은 사람들이 쓸데없는 노력을 기울이고 있는지! 시간과 건강 심지어는 자신의 성품까지 돈 때문에 희생시키는 사람들이 너무도 많습니다. 이 희생의 결과가 썩을 것이 아니고 무엇이겠습니까? "영원한 생명"과는 품질이 다른 영원치 않은 그 무엇이 그 결과인 것을.

요한은 "세상도 그것의 정욕도 사라지되" - 요일 2:17상 라고 했고, 베드로도 "모든 육체는 풀과 같고 사람의 모든 영광은 풀의 꽃과 같으니라. 풀은 마르고 그것의 꽃은 떨어지되" - 벧전 1:24 라고 했습니다. 이 육신적인 것들은 그 어떤 것도 영원에 뿌리 내리고 있지 않습니다. 심지어는 여러분 자신의 짧은 생애 속에서도 그것들은 죽기 전에 그칠 것입니다.

## 그 중간에는 다리가 없다

오늘날 사람들은 육신에다 심고서 영의 수확을 얻게 되리라고 생각하든가 아니면 영에다 심고서는 즉각적인 수확을 거두지 못하면 낙심하는 실수를 범하고 있습니다.

한 선생님이 자기 반 학생들에게 부자와 나사로 이야기를 들려주고는 "너희는 누가 되고 싶으냐? 부자가 되고 싶냐, 아니면 나사로가 되고 싶냐?"라고 물었습니다. 그러자 한 학생이 이렇게 대답했습니다.

"저는 이 땅에 살 때는 부자가 되고 싶고, 죽을 때는 나사로가 되고 싶습니다."

문제는 그렇게는 될 수 없다는 것입니다. 육신으로 썩을 것을 거두든지 성령으로 영생을 거두든지 둘 중 하나입니다. 이 둘 사이에는 다리가 놓여 있지 않습니다.

영적 수확을 위해 심겨진 씨는 일시적 영달을 얻기 위한 그 어떤 것과 아무런 상관이 없습니다. 그리스도께서는 이 점을 이렇게 선포하셨습니다.

"마음이 순수한 자들은 복이 있나니 그들이 하나님을 볼 것이기 때문이요" -마 5:8
"의에 주리고 목마른 자들은 복이 있나니 그들이 (의로) 배부를 것이기 때문이요" -마 5:6
"애통하는 자들은 복이 있나니 그들이 위로를 받을 것이기 때문이요" -마 5:4

전능하신 분께서 내리시는 복은 의로움으로 채워지는 것과 신성한 위로임을 보셨습니까? 땅에 속한 그 어떤 것이 아닙니다. 영적인 수고에 대해 영적인 결과를 얻게 됨을 말합니다. 마음이 순수한 자들이 부자가 될 것이라고 하지 않고 의에 주리고 목마른 자들이 빵으로 배부를 것이라고 안 했으며 애통하는 자들이 이 세상에서 두각을 나타내고 인정받는다고 하지 않았습니다. 어떤 식으로 뿌렸는지에 따라 전적으로 이에 합당한 수확만이 있을 뿐입니다.

모든 것이 심긴 대로 거두게 될 것이고 모든 행동은 행해진 대로 거두게 됩니다. 따라서 다른 사람이 누리는 쾌락이 탐나거든 그것이 가져올 대가를 사전에 미리 계산해 보아야 합니다.

어떤 그리스도인 상인이 자신의 정직이 자신이 성공하는 데 방해가 된다고 말한다고 합시다. 자신은 몇 시간씩 공치고 있는데 비양심적인 이웃가게에는 손님들이 밀려듭니다. 형제여 당신은 하나님께서 존귀와 순전함과 고귀함을 이 세상 재물로 갚으시리라고 착각하십니까? 질적인 뛰어남을 많은 손님으로 갚으시리라고 생각하십니까? 이 이웃가게 주인이 성공한 대가로 치른 것이 무엇인지 깊이 생각해 보십시오. 어쩌면 정신적 황폐와 내적인 부끄러움일지 모릅니다. 그가 쓴 광고 문구는 모두가 속임수였고 종업원을 학대했으며 저질 제품으로 싼 물건을 만들었던 것입니다. 그 사람이 심은 씨를 심어보십시오. 그 사람이 심은 것을 거둘 것입니다. 속임수, 거짓말, 비양심적 장사 수단을 쓰면 손님은 올 것입니다. 그러나 그로 인해 치를 대가는 너무도 클 것입니다. 그 사람으로 그 사람의 수확을 거두게 하고 당신은 당신의 것을 거두도록 깨끗한 양심, 순수한 생각, 외적, 내적 곧바름을 붙드십시오. 그 사람의 수확을 얻고자 당신의 이 귀한 것들을 내주고 싶으십니까?

## 성령에다 심기

"성령에다 심기"는 자기부인, 악에 대한 저항, 성령께의 복종, 성령 안에서 걷기, 성령 안에서 살기 그리고 성령의 인도하심 등을 의미합니다. 우리가 우리의 능력과 수단을 영적인 것들을 향상시키는 데 사용할 때 성령에다가 심는 것입니다.

또한 우리가 성령의 영향력을 더 넓히는 사람들을 지원하고 격려할 때 우리는 성령에다가 심고 있는 셈입니다. 우리가 우리의 육신과 그 욕심을 십자가에 내어드릴 때 우리는 성령에다 심게 됩니다. 한 유대 랍비가 이렇게 말했습니다. "모든 사람 안에는 선과 악이라는 두 가지 충동이 있다. 자신의 악한 충동을 하나님께 바치는 자는 최상의 희생물을 바치는 것이다."

이와 같이 성령에다 심으면 그 열매는 "그러나 성령의 열매는 사랑과 기쁨과 화평과 오래 참음과 부드러움과 선함과 믿음과 온유와 절제니 이 같은 것을 대적할 법이 없느니라." - 갈 5:22,23 가 됩니다. 이와 같은 경우 이 세상에서는 성품이 개선되고, 더 깊은 존경을 받게 되며, 다른 사람에 대한 영향력이 증대되는 열매를 거둘 것이요, 저 세상에서는 하나님께서 받아 주시고 영원한 생명을 얻는 수확을 거두게 됩니다.

헨리 로이드 게리슨(Henry Lloyd Garrison)이 영국에서 행한 공적인 연설 중 마지막으로 기록된 내용은 다음과 같습니다.

"나는 미국의 북쪽 지방에서 반(反) 노예주의를 옹호하는 운동을 시작했는데 그 대가는 날아 오는 벽돌 조각과 썩은 달걀이었다. 그러나 나의 마지막은 사우스캐롤라이나에서 해방된 노예들이 내게 던진 화환더미 밑에 거의 매장된 모습이었다."

한 청년이 남북전쟁 기간 중 뉴욕에 있는 한 큰 도매상에 고용되어 상당량의 손상 입은 콩을 거래하게 되었습니다. 그 회사는 그 콩들을 사들여 회사 건물 위층에 펼쳐 놓았습니다.

회사는 사람들을 고용해서 그 콩들을 뒤집으면서 소다액을 뿌려 말끔하게 보이도록 해서 판매가 될 만한 물건으로 만들었습니다. 그리고 최상품의 콩들을 사들여 통에다 좋은 콩을 집어넣고 그 위에 그 손질한 저급한 콩으로 가득 채우고 나서 마지막으로 윗부분을 최상품으로 다시 채워 판매용으로 포장을 해서 매장에 보냈습니다.

　사장은 그 통들에 '최상품 콩' 이라는 라벨을 붙였습니다. 이를 본 그 청년은 "이 통에다 최상품 콩이라고 표식을 하는 것이 옳다고 생각하십니까?" 라고 말했습니다. 그러자 그 사장은 "네가 이 회사 주인이냐?" 라고 쏴 붙였습니다.

　그 직원은 더 이상 아무 말도 못했습니다. 콩을 포장해서 매장으로 운송하는 작업은 계속 되었고 결국 수백 배럴의 콩이 판매되기 시작했습니다. 판매 사무소에는 바이어들에게 보여 줄 최상품의 견본이 진열되었습니다.

　얼마 후 꾀가 많은 바이어가 와서 (아무리 교활한 자라도 한 술 더 뜨는 자가 있음을 알게 된다.) 사무소에 있던 견본을 보고 가격을 묻고 나더니 창고에 있는 통을 직접 보겠다고 했습니다. 그 직원은 사장이 시키는 대로 그 바이어를 데리고 창고로 가서 콩이 들어 있는 통들을 보여 주었습니다. 통을 열어보니 겉에는 견본과 똑같은 품질의 콩이 들어 있었습니다. 그때 그 바이어가 그 직원에게 물었습니다.

　"이봐요, 청년, 보여준 견본은 최상품의 콩이 맞소, 하지만 당신들이 제시하는 가격으로 이런 콩을 살 수 있는 시장은 아무데도 없어요. 뭔가 잘못된 것 같군. 이 윗부분 아래쪽에 있는 콩들도 다 최상품이 맞소?"

　그 직원은 자신이 곤경에 처하게 되었음을 알고 이렇게 생각했습니다.

　'사장님을 위해 거짓말을 할까? 사장님은 당연히 내가 그럴 것이라고 믿을 텐데… 아니면 무슨 일이 터지든 진실을 말해야 할까?

　이 청년은 진실 쪽을 택하였습니다. 그리고는 이렇게 말했습니다.

　"아닙니다. 밑 부분은 아닙니다." 그러자 그 손님은 "그렇다면 나는 안 사겠소." 라고 말하고는 가버렸습니다.

　그 직원이 사무소로 돌아오자 사장은 그 콩을 팔았는지 물었습니다. 그 청년은 "아닙니다."라고 말했습니다.

"어째서"

"네, 그러니까 그 사람이 꼭대기처럼 나머지 전부 다 똑같은 품질의 콩이냐고 묻길래, 아니라고 대답했더니 안 사겠다고 하고는 가 버렸습니다."

그러자 사장은 "경리과에 가서 급료를 받아서 가지 그래. 더 이상 너는 필요가 없다구" 하고 말했습니다.

그 청년은 급료를 받아 그 사무소를 떠나면서 거짓말을 해서 천박한 탐욕을 저지르지 않고 정직하지 않은 사장에게 이득이 돌아가지 않은 것을 기뻐했습니다.

그런데 3주 후에 이 회사에서 이 청년을 부르러 사람을 보내 다시 와서 일해주기를 부탁했습니다. 그러고는 전보다 300달러나 더 많은 급료를 제시했습니다.

그의 정직과 진실됨이 보상을 받은 것입니다. 회사는 그 사람이 옳았다는 것을 인정했습니다. 물론 그의 정직으로 인해 큰 손해를 보았지만 말입니다. 그들이 그를 다시 쓰고자 한 것은 그들이 그를 신뢰할 수 있는 사람으로 인정하고 그는 속임수나 사기를 결코 칠 사람이 아니라는 것을 알았기 때문입니다. 그들은 회사의 돈 관리도 그 사람이 맡으면 안전할 것이라는 것도 알았습니다. 회사는 결국 그 청년을 존중했고 귀중히 여기게 됐습니다.

## 인내의 교훈

우리 모두 인내의 교훈을 배우도록 합시다.

"… 보라, 농부가 땅에서 나는 귀한 열매를 바라고 이른 비와 늦은 비를 받을 때까지 오랫동안 그것을 위해 인내하느니라." -약 5:7하

지연된다고 수확이 없다는 뜻은 아닙니다. 한 세대가 심고 또 다른 세대가 거두는 일은 흔히 있습니다. 하나님은 질투하는 하나님이시기에 이렇게 말씀하십니다.

"… 나는 나를 미워하는 자들에게는 아버지들의 불법을 자손들에게 벌하여 삼사 대까지 이르게 하거니와." -출 20:5하

세상으로부터 구분된 백성으로서 이스라엘 민족이 택함 받은 초기에 하나님께서는 가나안 땅에 매 7년마다 안식을 허용할 것을 명하셨습니다.

"너는 여섯 해 동안 네 땅에 씨를 뿌려 그것의 열매를 거두어들이되 일곱째 해에는 그것이 안식하며 가만히 있도록 두어서 네 백성 중의 가난한 자들이 먹게 하라. 그들이 남긴 것은 들의 짐승들이 먹으리라. 너는 네 포도원과 올리브 밭도 그와 같이 할지니라." -출 23:10,11

그런데 사울이 기름 부음 받아 왕이 되고 나서부터 이 명령은 지켜지지 않았습니다. 이후 490년이 지났을 때 하나님께서는 이스라엘 민족을 70년 동안 포로가 되도록 하셨습니다. 이 기간 가나안 땅은 안식할 수 있었는데 이것은 빼앗긴 70번의 안식년을 보상키 위함이셨습니다. 이스라엘 사람들이 뿌려 놓은 불순종이라는 쓰라린 씨앗이 결국은 후손들로 하여금 포로생활과 망명생

활 속에서 수확을 거두게 한 것입니다.

한번은 한 훌륭한 외과의사가 학생들이 보는 가운데 중요한 수술을 집도하였습니다. 수술은 그가 할 수 있는 범위 내에서는 성공적이었습니다. 그러나 그는 학생들을 향해 이렇게 말했습니다.

"6년 전에만 지혜로운 생활을 했다면 이 병을 막을 수 있었을 것이다. 또한 2년 전만 해도 안전하고 간단한 수술 정도면 이 병을 치유할 수 있었을 것이다. 우리는 주어진 상황 하에 우리의 최선을 다했으나 이제 자연(Nature)이 말할 차례인 것 같다. 문제는 자연은 사형 언도를 항상 취소하지는 않는다는 것이다."

다음날 그 환자는 죽었습니다. 자신의 절제치 못한 삶의 열매였습니다.

바울은 이렇게 말했습니다.

"우리가 잘 행하는 가운데 지치지 말지니 우리가 기진하지 아니하면 정하신 때에 거두리라." -갈 6:9

최근 한 인터뷰에서 에디슨은 자신도 모르게 끈기와 인내에 대한 아주 강력한 설교를 하였습니다. 그는 축음기가 폐쇄음 소리를 재생하도록 하기 위해 얼마나 많은 반복적인 노력을 했는지를 설명하고는 다음과 같이 덧붙였습니다.

"나는 지난 7개월간 하루에 18시간에서 20시간 동안 'specia'라는 이 한 단어에 매달렸습니다. 나는 축음기에 대고, 'specia, specia, specia'라고 발음했으나 그 기계는 겨우 'pecia, pecia, pecia' 만 반복했습니다. 미쳐버릴 지경이었지요. 그러나 나는 끝까지 버텼고 결국은 해냈습니다."

포츠마우스(Portsmouth)에서 젊은 변호사 시절 다니엘 웹스터(Daniel Webster)에게 보험사건이 들어 왔습니다. 액수가 작은 사건이었으며 수임료도 겨우 20달러뿐이었습니다. 고객에게 최선을 다하려면 보스톤에 있는 법률 도서관을 가서 자료를 찾아보아야만 했습니다. 그렇게 되면 여행 경비로 인해 손해가 날 것이 분명했습니다. 결국 사건 수임에 대한 적절한 보상은 기대할 수 없었습니다. 그러나 그는 비용과 상관없이 최선을 다하기로 결정했습니다. 그는 보스톤으로 가서 권위 있는 책들을 찾아 그 사건을 이겼습니다.

얼마 후 이미 유명해진 웹스터 씨는 뉴욕을 지나가고 있었습니다. 그날 뉴욕에서는 아주 중요한 보험사건의 재판이 있을 예정이었습니다. 그런데 변호인단 중 한 사람이 병에 걸렸습니다. 그래서 그 변호인단은 웹스터가 그 사람을 대신해서 사건을 담당해 달라고 요청했습니다. 이에 대해 그는 불과 몇 시간을 앞두고 법률 논쟁을 준비하기를 기대하는 것은 무리라고 대답했습니다.

"그들은 그럼에도 불구하고 나더러 서류를 검토해 달라고 주장을 굽히지 않았고 이에 나는 결국 동의하고 말았습니다. 그런데 그 사건은 그 전에 맡았던 그 20달러짜리 사건과 동일한 경우였습니다. 저는 그 사건에 대해 단 한 가지 사항도 잊지 않은 채 간직하고 있었지요. 그러니까 저는 그 사건을 이미 줄줄 꿰고 있었던 셈이었습니다. 재판이 시작되자 내가 준비할 시간이 없다고 알고 있던 사람들은 내가 그 사건을 완전히 파악하고 있다는 사실에 크게 놀랐습니다. 짐작하시다시피 저는 이전에 보스톤을 간 대가로 명예와 부에 있어 큰 교훈을 얻게 된 셈입니다."

두 사람이 캘리포니아에서 금을 캐고 있었습니다. 열심히 일했으나 아무 성과가 없었습니다. 결국 한 사람이 수건을 내던지며 "굶어 죽기 전에 여기를 떠나야겠어."하고 말하고는 가 버렸습니다. 바로 다음날 그의 동료는 금괴를 발견했고 결국 그는 큰 부를 얻게 되었습니다. 그의 인내가 보상을 받은 것입니다.

"악한 일에 대한 판결이 속히 집행되지 아니하므로 그런 까닭에 사람들의 아들들의 마음이 악을 행하려고 그들의 속에서 완전히 고정되었도다. 비록 죄인이 백 번 악을 행하고 그의 날들이 길게 된다 할지라도 내가 확실히 아노니 하나님을 두려워하는 자들 곧 그분 앞에서 두려워하는 자들은 잘 되리라. 그러나 사악한 자는 잘 되지 못하며 자기의 날들을 길게 하지 못하고 그 날들이 그림자와 같으리니 이는 그가 하나님 앞에서 두려워하지 아니하기 때문이라." - 전 8:11-13

자기가 숨어서 한 일이 결코 알려지지 않으리라고 생각하는 것은 치명적인 오산입니다. 하나님께서는 그 모든 것이 빛 가운데 드러날 것이라고 말씀하십니다. 자기 죄를 덮어 두고는 그 죄가 다시 드러나 심판 받는 일은 결단코 없으리라고 생각하는 것만큼 어리석은 일은 없습니다. 야곱의 아들들을 생각해 보십시오. 그들은 요셉을 팔았고 아버지를 속였습니다. 20년이 지난 후 이 집트까지 그들의 죄는 그들을 쫓아 갔고 결국 그들은 "우리가 우리 동생에 관하여 참으로 죄를 지었도다." - 창 42:21,22 라고 고백하고 말았습니다. 결국 거두는 때가 동생을 팔아버린 그 사람들에게 오고야 만 것입니다.

한번은 내가 시카고에서 말씀을 전하고 있었는데 거의 정신이 나간 여인 하나가 나에게 찾아왔습니다. 여러분도 아시다시피 이런 복음집회 때에는 조롱하는 자들이 가끔 와서 종교는 사람들을 미치게 만든다고 비방하곤 하는 법입니다. 그러나 실은 사람을 미치게 하는 것은 다름 아닌 죄입니다. 그 여인에 대한 이야기는 이렇습니다. 그녀에게는 자식들이 있었습니다. 그런데 이웃집 여자가 죽자 그녀의 남편이 어린아이 하나를 데리고 왔습니다. 그녀는 "나는 아이를 원치 않아요." 하고 말했으나 그녀의 남편은 "당신이 애를 맡아 돌보아야겠소." 라고 했습니다. 그러나 그녀는 그녀의 아이들만으로도 이미 충분했습니다.

그녀는 남편에게 아이를 데려가라고 했습니다. 그러나 그는 그러려고 하지 않았습니다. 그녀는 그 아이를 굶어 죽이려고 시도했다고 고백했습니다. 그러나 시간이 걸렸습니다. 결국 그녀는 옷으로 아이를 덮어 질식시켜 버렸습니다. 그 아이는 묻혔고 몇 년이 지났습니다. 그녀는 내게 이렇게 말했습니다.

"나는 그 아이의 음성을 밤낮으로 듣고 있답니다. 거의 미쳐버릴 지경이랍니다."

아무도 그 행위를 보지 못한 것 같았으나 하나님께서는 보셨고 이에 대해 보응이 뒤따랐습니다. 인류 역사는 이와 같은 이야기로 가득합니다. 굳이 성경을 찾아보지 않아도 그런 예는 우리 주변에서 쉽게 찾을 수 있습니다.

# 4. 사람은 자기가 심은 것과 같은 종류의 것을 거둔다

"땅이 풀과 자기 종류대로 씨 맺는 채소와 자기 종류대로 열매 맺는 나무 곧 열매 속에 씨가 있는 나무를 내니라" - 창 1:12상

"사람들이 가시나무에서 포도를 또는 엉겅퀴에서 무화과를 거두겠느냐?" - 마 7:16하

Sowing and Reaping

# 4

# 사람은 자기가 심은 것과 같은 종류의 것을 거둔다

땅이 풀과 자기 종류대로 씨 맺는 채소와 자기 종류대로 열매 맺는 나무 … 를 내니라. - 창 1:12상
사람들이 가시나무에서 포도를 또는 엉겅퀴에서 무화과를 거두겠느냐? - 마 7:16하
너희가 육신을 따라 살면 죽을 것이로되 성령을 통해 몸의 행실을 죽이면 살리라. - 롬 8:13

만약 내가 작년에 10에이커의 땅에 밀을 심었는데 참외가 나왔다거나 오이를 심었는데 순무를 수확했다고 말한다면 여러분은 믿으려 하지 않을 것입니다. 자기가 심은 것과 같은 종류의 것을 거두는 것은 확정된 법칙입니다. 밀을 심으면 밀을 거두고 도토리를 심으면 도토리를 거두며 느릅 묘목을 심으면 얼마 후 큰 느릅나무가 되는 법입니다.

동양의 우화 작가인 룩크만(Lukman)의 스승이 하루는 그에게 "저기 밭에 가서 보리를 심거라." 하고 말했습니다. 그런데 룩크만은 보리 대신 귀리를 심었습니다. 수확 때가 되어 스승은 밭으로 나갔는데 푸른 귀리가 자라고 있는 것

을 보게 되었습니다. 그래서 그는 제자에게 물었습니다. "내가 보리를 심으라고 하지 않았더냐? 그런데 어째서 귀리를 심었느냐?" 그러자 제자가 이렇게 대답했습니다. "저는 보리가 자랄 것을 바라고 귀리를 심었습니다." 이에 스승이 말하기를 "그런 어리석은 짓이 어디 있느냐? 이 세상에서 그와 같은 일이 일어난 적이 있었더냐?" 이에 룩크만이 이렇게 대답했다고 합니다.

"스승님 자신은 이 세상이라고 하는 밭에다 악의 씨를 끊임없이 뿌리고서는 부활 때 미덕의 열매를 거두기를 기대하고 계시니 저 역시 귀리를 심으면서 보리를 얻을 것이다 생각한 것 아니겠습니까?" 이에 그 스승은 부끄러워하며 룩크만을 풀어 주었습니다.

식물에 있어서도, 우리의 행동에 있어서도 종류대로 생산되는 법입니다. 목수가 되는 길을 공부한 사람이라면 시계 제작공으로 뛰어나기를 기대하지는 않을 것입니다. 법에 대한 지식을 얻고자 노력한 사람이라면 의료 행위로 먹고 살려는 기대는 안할 것입니다. 사람은 자기가 배운 그 분야에서 거두기를 기대합니다.

이 법칙은 인간 세계에서처럼 하나님의 왕국에서도 그대로 적용되며 자연 세계에서처럼 영적인 세계에서도 그대로 들어맞습니다. 보리를 심었으면 보리를 거두게 마련이요, 거짓을 심었으면 거짓을 거두고, 간음을 심었으면 간음자를 거둘 것이며, 위스키를 심었으면 술꾼을 거둘 것입니다. 이 법칙은 폐기시킬 수 없습니다. 이 법은 항상 유효합니다. 이보다 더 엄숙한 진리는 성경에 없습니다.

내가 보기를 원치 않은 이웃이 집에 찾아왔을 때 내가 내 아들에게 "나를 찾으면 없다고 해라."라고 말했다고 가정해 봅시다. 내 아들은 문쪽으로 가서 내 이웃에게 거짓말을 하게 될 것입니다. 그 후 6개월도 채 안되어 그 녀석은 내게 거짓말을 할 것입니다. 결국 나는 거짓을 거둔 셈입니다.

얼마 전 어떤 사람이 나에게 이렇게 물었습니다. "어째서 오늘날은 정직한 점원을 얻을 수 없는 겁니까?" 이에 나는 이렇게 답변을 했습니다. "잘은 모르겠지만 추측은 해볼 수 있을 것 같습니다. 가게 주인이 점원에게 절반은 면화로 된 제품을 순모라고 말하라고 가르치고 불순물이 섞인 식료품을 불순물이 없다고 말하라고 가르치고 주인들이 흰 대리석 가루를 설탕가루에 섞는 것을 점원들이 알게 될 때 우리는 정직한 점원을 얻을 수 없게 될 것입니다."

가게 주인들이 점원에게 거짓말과 속임수를 가르치고 국산품에다 프랑스나 영국 상표를 부착해서 수입품으로 파는 한 정직한 점원을 찾기 힘듭니다. 나는 지금 픽션을 말하고 있는 것이 아니고 진리를 말하고 있는 것입니다. 사람이 자기가 심은 것과 같은 종류의 것을 거두게 된다는 것은 지어낸 말이 아니라 엄숙한 사실입니다.

이 법칙은 술은 절대로 팔아서는 안된다는 주장에 강력한 근거를 제공해 줍니다. 절제나 종교적 관점을 떠나 그 누구도 독주를 팔아서는 안 됩니다. 만약 내가 당신 아들에게 술을 팔아 그가 술꾼이 되어버리면 그 누군가가 내 아들에게도 술을 팔 것이고 그 녀석도 술꾼이 될 것입니다. 술을 파는 자는 모두 술꾼인 아들이나 형제나 친척을 갖게 됩니다. 그렇다면 술 판매상의 자녀들은 어떻습니까? 그들의 딸들은 누구와 결혼하게 되겠습니까? 술장사에 20년간 종사한 사람치고 가족 안에 피골이 상접한 사람이 없는 자가 있는지 눈을 씻고 찾아 보십시오.

한번은 내가 이와 같은 도전을 했더니 한 사람이 다음날 나에게 찾아와 이렇게 말했습니다. "나는 당신 집회에 어젯밤 못 갔소. 하지만 당신이 20년간 술장사를 한 사람치고 자신의 가족에 재앙이 안 닥친 사람을 본 적이 없다는 놀라운 발언을 했다고 들었소." "그렇습니다. 제가 그렇게 말했지요." 하고 나는 대답했습니다. 그는 "그건 사실이 아니오. 그 말 취소하시오. 내 아버지는 럼주 판매상이었고 나도 그렇소. 하지만 우리 아버지 가족이나 내 가족 그 누구에게도 저주가 임한 적은 없단 말이오."라고 말했습니다.

나는 이렇게 대꾸했습니다. "2대에 걸쳐 그 저주 받은 물질을 팔았단 말이군요. 그런데도 가족에게 아무런 저주가 임하지를 않았다. 좋소. 내가 한 번 조사해 보겠소. 만약 내 말이 잘못된 것으로 판명나면 내가 공개적으로 발언을 했으니 공개적으로 그 발언을 취소하겠소." 그때 그 곳에는 그 마을의 유지 두 사람이 있었는데 나는 그 사람이 말할 때 그 두 사람의 얼굴 표정이 매우 일그러지는 것을 보았습니다. 그 사람이 떠나고 난 후 그 두 사람 중 한 사람이 이렇게 말했습니다.

"무디 선생, 저 사람의 친 동생은 술꾼이었는데 지금 저 사람 집에서 살아요. 그 사람도 동생의 자살로 충격을 받아 술을 끊을 때까지 끔찍한 술꾼이었습니다. 자기 동생을 자기 친족이 아니라고 생각했다니 이를 어떻게 설명할지 모르겠군요. 아마 내가 내 아우를 지키는 자이니까 하고 항변했던 카인 같은 사람인가 봅니다."

내가 시카고에 있는 한 교회에서 목회를 하던 때 우리는 노동자들을 인도하려고 애쓰고 있었습니다. 그들은 "저녁때 공장에 내려오시오. 그러면 당신에게 말씀 전할 기회를 드리겠소."라고 말하곤 했습니다. 이에 대해 나는 "왜 당신들은 교회에는 오지 않습니까?"라고 물었습니다. "오, 교회에서는 당신 혼자만 마음대로 말할 것이고 우리는 대꾸 한 마디도 못할 것 아니겠소. 그러니 공장으로 오시오. 우리도 당신에게 몇 가지 질문을 할 게 있소."

그들은 이렇게 대답했습니다. 결국 나는 그들을 찾아갔는데 그들은 가끔 나를 곤경에 빠뜨리곤 했었습니다. 이때 그들이 즐겨 인용하는 인물 중 하나는 야곱이었습니다. "당신은 야곱이 성자라고 생각지는 않으시겠지요? 그 사람은 아주 불한당인걸요." 사람들은 나에게 이렇게 시비를 걸었습니다. 많은 사람들이 야곱은 에서만큼도 못한 자라고 생각한다고 말했습니다. 자, 이 사실을 주목해 보십시오. 성경 말씀에 따르면 하나님은 야곱의 행위에 따라 그를 심판할 것입니다. 이 응보의 법칙은 그의 전 생애에 걸쳐 그대로 적용되었습니다. 비록 그가 하나님과 친하고 아브라함의 친족이며 언약의 조상에 속한 자이기는 하나, 하나님께서는 야곱이 심은 것과 같은 종류의 것을 거두도록 하셨습니다.

누군가는 이렇게 말했습니다.

"야곱의 불행은 그의 잘못에 대한 징벌에 있어서 뿐 아니라 그의 인생을 야곱에게 그림처럼 회상해 볼 수 있도록 하기 위해 치밀하게 계산된 것이다."

이삭은 나이가 들었을 때 사슴고기가 먹고 싶어 에서에게 그것을 가져오도록 시켰는데 야곱이 슬쩍 빠져나가 아버지의 가축에서 새끼염소를 잡았고 그의 어머니 리브가가 그것을 요리해 주었습니다. 야곱은 그것을 눈이 어두운 늙은 아버지에게 가져가 자기가 에서라고 말했습니다. 그 노인은 야곱의 목소리를 알아챘습니다. 그러나 야곱이 교활하게도 염소 털이 있는 가죽을 손과 목에 붙여 놓아 그곳을 만져 본 이삭은 "음성은 야곱의 음성이나 손은 에서의 손이로다."라고 말했습니다.

야곱은 이 거짓말로 형의 장자권이라는 축복을 가로챘으나 후일 이보다 만 배나 더 큰 대가를 치렀습니다.

"내 지갑을 훔치는 자는 쓰레기를 훔치는 것이다."

내 가방을 훔치는 자는 큰 고통을 당하게 됩니다. 내가 아닌 그가 당합니다. 이와 마찬가지로 야곱은 나이가 들어 자기 아들들이 자기를 속이지 않나 하는 의심 가운데서 살았습니다. 자기 아버지를 속인 그의 죄는 결국 열매를 맺고만 셈입니다. 이 거래에서 가장 큰 손해를 본 사람은 다름 아닌 야곱이었습니다. 에서가 야곱을 만나러 올 때 그는 도망을 쳐야만 했습니다. 결국 하나님께서 벧엘에서 야곱을 만나 이렇게 말씀하셨습니다.

"또, 보라, 주께서 그 위에 서서 이르시되, 나는 주니 곧 네 조상 아브라함의 하나님이요, 이삭의 하나님이니라. 네가 누운 땅을 내가 너와 네 씨에게 주리니 네 씨가 땅의 티끌같이 되어 네가 서쪽과 동쪽과 북쪽과 남쪽으로 널리 퍼지며 너와 네 씨 안에서 땅의 모든 가족들이 복을 받으리라. 또, 보라, 내가 너와 함께 있어 네가 가는 모든 곳에서 너를 지키며 너를 이 땅으로 다시 데려오리라. 내가 네게 말한 것을 행할 때까지 너를 떠나지 아니하리라, 하시니라." - 창 28:13-15

사람들은 야곱의 생애에 대한 기록을 여기까지 읽고 나서 "이렇게 비열한 짓을 한 자를 그처럼 은혜로 대해 주시려는 그런 하나님에 대해서는 더 이상 알고 싶지 않소."라곤 합니다. 그러나 친구여 계속 가 봅시다. 밧단 아람으로 야곱을 따라가 봅시다. 야곱은 그곳에서 20년을 있었습니다. 그 기간 동안 그의 임금(賃金)은 열 번이나 바뀌었습니다. 그는 칠년 동안 사랑하는 아내 라헬을 위해 일했고 축복을 얻었습니다. 그런데 라반은 "우리 지방에서는 이처럼 맏딸보다 작은 딸을 먼저 주는 일을 결코 하지 아니하느니라."는 말로 야곱의 과거를 상기시켜 주었습니다. 야곱은 라반이 자기처럼 약삭빠른 계산을 할 수 있는 사람임을 알게 되었습니다. 교활하고 약삭빠른 사람은 결국 자기 주변에 똑같은 사람을 끌어들이게 됩니다. 남을 속이는 사람은 자신도 언젠가는 속을 것입니다. 속담에도 "끼리끼리 논다."라고 했습니다.

신성모독하는 자들은 자기들끼리 어울리고 약삭빠르고 교활한 자들은 같은 사람과 노는 법입니다. 야곱은 결국 라반을 통해 자신을 발견하게 되었습니다. 그러니까 "다이아몬드가 다이아몬드를 자르는 법입니다."

조금 더 살펴봅시다. 야곱에게는 열두 아들이 있었습니다. 그런데 그는 요셉과 베냐민을 다른 아들들보다 더 사랑했는데 이는 이들이 자기가 사랑했던 라헬의 아들들이었기 때문입니다. 특히 요셉을 편애한 야곱은 그에게 여러 색상의 채색 옷을 입혀 주었습니다. 편애는 어떤 가정에서든 옛 아담의 죄성을 부추기게 마련입니다.

어느 날 아침 요셉은 아무런 사심 없이 자기 아버지와 다른 형제들이 자기에게 절하는 꿈을 꾸었다고 말했습니다. 이에 형제들은 그를 없애버리려고 모의하다가 어느 날 아버지가 요셉을 보내 형들이 가축에게 풀을 먹이는지 알아오라고 했을 때 그들에게 다가오는 요셉을 보고 이렇게 말했습니다.

"그런즉 이제 오라. 우리가 그를 죽여 어떤 구덩이에 던지고 말하기를, 어떤 악한 짐승이 그를 잡아먹었다, 하자. 그의 꿈들이 어떻게 되는지 우리가 보리라, 하매" - 창 37:20

얼마 후 그들은 요셉을 팔아버렸고 그의 채색 옷에 염소 피를 발라 아버지에게 가지고 가서 이렇게 말했습니다.

"우리가 이것을 발견했으니 이제 그것이 아버지의 아들의 옷인지 아닌지 알아보소서." - 창 37:32하이에 야곱은 "그것은 내 아들의 옷이라. 악한 짐승이 그를 잡아먹었도다."라고 대답했습니다.

자 주목해 보십시오. 야곱은 염소 가죽으로 자기 아버지를 속였는데 이번에는 자기 아들들이 염소 피를 가지고 그를 속이고 있지 않습니까. 야곱은 자기 아버지에게 거짓말을 했고 그의 아들들은 그에게 거짓말을 했습니다. 거짓말이 고향을 찾은 셈입니다. 그 어떤 거짓말도 당사자에게 되돌아옵니다. 아무리 무덤을 깊게 파도 부활은 있습니다. 저벅, 저벅, 당신의 죄들이 당신에게로 걸어오는 소리입니다.

"너희 죄가 너희를 찾아낼 줄을 분명히 알지니라." - 민 32:23

당신 생각에는 당신이 매우 똑똑하고 멀리 내다 볼 줄 아는 자로서 계획도 세우고 죄도 숨길 수 있다고 생각할지 모르지만 그 어떤 죄도 덮어질 수 없다는 것이 저 높은 하늘의 법령입니다.

하나님께서는 죄를 들추어내실 것입니다. 그렇게 되면 당신은 전능하신 분을 속일 수 없습니다. 야곱은 이 사실을 알게 된 것입니다. 결국 그는 자기가 심은 것을 거두어야 했습니다.

이번에는 다윗을 보십시다. 어떤 사람이 몇 년 전 나에게 이르기를 "당신은 다윗이 사울처럼 악의 구렁텅이로 떨어졌다고 생각하십니까?"라고 했습니다. 물론입니다. 다윗은 사울보다 더 낮은 곳으로 타락했습니다. 왜냐하면 하나님께서 그를 더 높이셨기 때문입니다. 다만 차이점이라면 사울이 타락했을 때에는 아무런 회개의 조짐이 없었으나 다윗이 넘어졌을 때 그는 상한 마음 깊은 곳에서 통곡하였습니다. 참된 회개가 있었던 것입니다.

성경에서 다윗만큼 높아졌다가 다윗만큼 낮아진 사람은 없습니다. 하나님께서는 양 우리에서 그를 데려다가 왕좌 위에 앉히셨습니다. 하나님께서는 부와 땅을 풍성하게 주셨습니다. 다윗은 영광스러운 정상에 올랐고 사람들의 사랑을 받았으며 명예를 가졌습니다. 그러나 그는 어느 날 왕궁 지붕 위를 거닐다가 밧세바를 보았고 그녀를 탐내, 간음이라는 끔찍한 죄를 범했습니다. 그리고 그 죄를 가리기 위해 밧세바의 남편을 술에 취하도록 했고 결국에는 그를 살해했습니다. 이에 하나님의 칙령은 이렇게 선포되었습니다.

"… 칼이 네 집에서 결코 떠나지 아니하리라. … 내가 네 집에서 너를 대적하는 재앙을 일으키리라 …" - 삼하 12:10,11

결국 다윗의 아들 암논이 다윗의 딸과 음행을 저질렀습니다. 이에 그녀의 오빠 압살롬이 잔치를 벌이고는 암논을 암살했습니다. 얼마 후 압살롬은 아버지를 몰아내려고 군대를 이끌고 와 왕좌를 차지했고 왕의 집의 지붕 위에서 공개적으로 다윗의 첩들과 간음을 저질렀습니다. 하나님께서 막지 아니하셨더라면 아버지도 죽였을 것입니다.

다윗은 간음을 씨로 뿌렸고 자기 가족 안에서 그것을 거두었습니다. 나는 다윗이 "오 내 아들 압살롬아, 내 아들아, 내 아들 압살롬아! 내가 너를 대신하여 죽었더라면 얼마나 좋았으랴!" - 삼하 18:33 라고 울부짖게 될 수밖에 없었던 것은 다름 아닌 다윗 자신의 죄의 삯이라고 생각합니다. 그가 우리야의 아내와 간음죄를 짓고 나서 무덤에 가기까지 이 죄는 계속해서 밀려오는 일련의 파도처럼 다윗을 괴롭혔습니다.

만약 하나님께서 다윗을 아끼지 아니하셨다면, 다윗이 어찌 되었겠습니까?

우리가 죄에 빠져 그 죄를 고백하지도 않고 죄로부터 돌이키지도 않을 때 그분께서 우리를 아끼시리라 여러분은 생각하십니까? 이 세상에서 죄를 숨길 수 있는 기회를 갖고 있던 사람이 있었다면 그것은 다름 아닌 다윗이었습니다. 그 어떤 재판관도, 배심원도 감히 그에게 심판을 언도할 수가 없었습니다. 그 일은 어둠 가운데 행해졌으나 그의 죄는 그를 찾아내고 말았습니다.

하나님께서 나단을 다윗 앞에 보내듯이, 젊은이여, 그대 앞에도 언젠가 나단이 나타날 것입니다. 만약 회개하고 죄로부터 돌이키지 않으면 하나님이 보내신 사자(messenger)가 길에서 당신을 칠 것입니다. 친구여! 어째서 당신은 정신이 들어 하나님을 찾아 부르짖은 다윗처럼 하나님을 부르지 않는 것입니까? 다윗처럼 기도하십시오. 우리가 기도할 수 있다는 것이 얼마나 감사한 일인지요! 지금 바로 무릎 꿇고 기도하지 않으시겠습니까?

## 용서를 위한 다윗의 기도

"오 하나님이여, 주의 인자하심에 따라 내게 긍휼을 베푸시며 주의 친절한 긍휼의 풍성함에 따라 내 범법들을 지워 주소서. 내 불법에서 나를 철저히 씻기시며 내 죄에서 나를 정결하게 하소서. 내가 내 범법들을 시인하오니 내 죄가 항상 내 앞에 있나이다. 내가 주께만 오직 주께만 죄를 짓고 주의 눈앞에서 이 악을 행하였사오니 이로써 주께서 말씀하실 때에 의롭게 되시고 판단하실 때에 깨끗하시리이다. 보소서, 내가 불법 가운데서 형성되었으며 내 어머니가 죄 가운데서 나를 수태하였나이다. 보소서, 주께서는 속 부분에 있는 진실함을 원하시오니 나로 하여금 은밀한 부분에 있는 지혜를 알게 하시리이다. 우슬초로 나를 정결하게 하소서. 내가 깨끗하게 되리이다.

나를 씻기소서. 내가 눈보다 더 희게 되리이다. 나로 하여금 기쁨과 즐거움의 소리를 듣게 하사 주께서 꺾으신 뼈들이 기뻐하게 하소서. 주의 얼굴을 내 죄들에서 가리시고 내 모든 불법을 지워 주소서. 오 하나님이여, 내 안에 깨끗한 마음을 창조하시고 내 속에 올바른 영을 새롭게 하소서. 나를 주의 앞에서 쫓아내지 마시고 주의 거룩한 영을 내게서 거두지 마소서. 주의 구원의 기쁨을 내게 회복시켜 주시고 주의 자유로운 영으로 나를 떠받쳐 주소서. 그리하시면 내가 범법자들에게 주의 길들을 가르치리니 죄인들이 주께로 회심하리이다. 오 하나님이여, 내 구원의 하나님이여, 피 흘린 죄에서 나를 건지소서. 그리하시면 내 혀가 주의 의를 크게 노래하리이다. 오 주여, 주께서 내 입술을 열어 주소서. 내 입이 주의 찬양을 전하리이다. 주께서는 희생물을 원치 아니하시나니 그렇지 아니하면 내가 그것을 드렸으리이다. 주께서는 번제 헌물도 기뻐하지 아니하시나이다. 하나님께서 구하시는 희생물은 상한 영이라. 오 하나님이여, 상하고 통회하는 마음을 주께서 멸시하지 아니하시리이다. 주께서 주의 선하신 즐거움으로 시온에게 선을 베푸시고 예루살렘의 성벽들을 쌓으소서. 그때에 주께서 의의 희생물과 번제 헌물과 전체를 드리는 번제 헌물을 기뻐하시리니 그때에 그들이 주의 제단 위에 수소들을 드리리이다." - 시 51:1-19

## 역사의 사례

어쩌면 "난 성경을 읽지 않는데요."라고 말하시는 분이 있을 것 같습니다. 그렇다면 인류의 역사를 들여다 보십시다. 과연 이 법칙이 사실인지 확인해 봅시다.

맥센타인(Maxentine)은 콘스탄틴(Constantine)을 익사시키려고 가짜 다리를 세

웠으나 자신이 익사하고 말았습니다.

바자젯(Bajazet)은 타멀린(Tamerlane)을 가두려고 만든 철제 동굴에 오히려 타멀린에 의해 자신이 갇혔습니다.

막시미누스(Maximinus)는 수천 명의 그리스도인의 눈을 뽑았습니다. 얼마 후 그의 백성 가운데 무서운 눈병이 돌았고 그 자신도 큰 고통 중에 죽었습니다.

발렌스(Valens)는 80명 가량의 그리스도인들을 배에 태워 바다로 보내 태워 죽였습니다. 그는 고트족에 의해 패배하여 오두막으로 피신했다가 그곳에서 불타 죽었습니다.

알렉산더 6세는 다른 사람을 독살하려 준비했던 포도주에 의해 독살됐습니다.

헨리 3세는 프랑스 그리스도인들을 잔인하게 학살하기 위한 계획을 수립했던 바로 그 방에서 창에 찔려 죽었습니다.

마리 앙뜨와네뜨(Marie Antoinette)는 결혼식을 위해 노틀담 성당까지 말을 타고 가면서 군인들에게 명령해 모든 거지와, 불구자들과, 남루한 자들을 행렬 밖으로 내쫓았습니다. 비참한 사람들의 모습을 견딜 수 없었기 때문이었습니다. 그런데 그녀가 얼마 후 묶인 채로 사형집행 마차에 타고서 처형장소를 향해 가게 되었을 때 얼음처럼 차갑고 돌덩이처럼 단단한 시선으로 그녀를 응시하는 군중들 속을 통과하게 되었다고 합니다.

펀론(Fonlon)은 굶주린 백성이 어떻게 살아야하는지에 대해 "그들로 풀을 먹게 하라"고 했습니다. 얼마 후 광분한 군중이 그를 파리의 거리에서 붙잡아 매달아 놓고 그의 머리를 창끝에 꽂아 놓고 입에는 풀을 가득 채워 놓았다고 합니다.

# 5. 사람은 자기가 심은 것 이상을 거둔다

"그러나 다른 것은 좋은 땅 속에 떨어지매 얼마는 백 배, 얼마는 육십 배, 얼마는 삼십 배의 열매를 내었느니라." - 마 13:8

*Sowing and Reaping*

## 5

# 사람은 자기가 심은 것 이상을 거둔다

> 그러나 다른 것은 좋은 땅 속에 떨어지매 얼마는 백 배, 얼마는 육십 배, 얼마는 삼십 배의 열매를 내었느니라. - 마 13:8

우리는 한 되를 심으면서 열 되 혹은 스무 되를 거둘 것을 기대합니다. 우리는 하루에 열 사람이 거둘 수 있을 만큼을 심을 수 있습니다. 스페인 속담에 이런 말이 있습니다. "생각을 심으면 행동을 낳고 행동을 심으면 습관을 낳고 습관을 심으면 성격을 낳고 성격을 심으면 운명을 낳는다." 늘상 심는 것보다 거두는 것이 시간이 더 걸리는 법입니다.

어떤 콩은 1,000배의 수확을 얻는다고 들었습니다. 배 갑판에서 날아온 엉겅퀴의 관모 하나가 퍼져 남해섬(South Sea island) 전 표면을 다 덮어버렸다고 합니다. 떡갈나무는 도토리 한 개에서 자라난 것이고 미시시피강 역시 작은 샘에서 시작되었습니다.

위스키 한 잔은 결국 술꾼의 죽음에까지 이르게 되고 한 번의 거짓말은 한 사람의 인생을 망칠 수도 있습니다. 젊은 시절 저지른 한 번의 실수가 평생을 뒤쫓아 다닐 수 있습니다. 누군가가 말하기를, 많은 그리스도인들이 젊은 시절에 뿌린 씨앗들이 싹트지 못하도록 애쓰면서 생(生)의 절반을 보낸다고 했습니다.

"한 잔"하고픈 욕구가 절제되지 못한다면 더 큰 갈증이 될 것이고 카드 게임을 하고픈 욕구는 저항할 수 없는 도박의 열정이 되어버릴 수 있습니다.

아브라함이 하나님의 명령에 따라 외아들을 바쳤을 때 하나님께서는 그의 순종의 열매로 하늘의 별들과 바다의 모래같이 많은 씨를 그에게 주셨습니다.

야곱의 한 번의 거짓말은 10명의 아들과 함께 10배가 되어서 되돌아왔습니다. 이로 인해 야곱은 요셉이 죽은 줄 알고 20년 동안 슬퍼했습니다. 아마 야곱은 매일 밤 요셉 때문에 울었을 것이고 꿈속에서 그 소년의 몸이 짐승에 의해 찢겨나가는 모습과 그의 울부짖는 소리를 들었을 것입니다. 야곱은 오랜 세월에 걸쳐 심은 것을 거두었습니다.

이스라엘 민족은 정탐꾼들이 가나안에서 가져온 악한 보고로 인해 하나님께 불평했습니다. 그렇다면 그들이 거둔 것은 무엇이었을까요? 하나님의 말씀은 이렇게 답변합니다.

"너희가 그 땅을 탐지한 날수 곧 사십 일의 하루를 일 년으로 환산하여 사십 년 동안 너희가 너희 불법들을 담당할지니 이로써 내가 약속을 깨뜨린 것을 너희가 알리라, 하라." - 민 14:34

한 번은 내가 집회 도중 '사람은 자기가 심은 것보다 더 많이 거두게 된다'는 내용을 다루고 있었습니다. 그 때 맨 앞 줄에 있던 한 남자가 고개를 떨구더니 큰 소리로 우는 것이었습니다.

집회가 끝나고 한 친구가 그에게 다가가 "무슨 일이야?"라고 물었습니다. 그는 나를 가리키며 그 친구에게 이렇게 말했다고 합니다.

"저 분이 하고 있는 말씀은 모두가 사실이네. 4년 전 나는 이 도시에서 한 회사의 신뢰받는 직원이었지. 내가 처음 시작 때처럼 그렇게 했다면 지금도 여전히 회사에서 근무하고 있을 테지. 그러나 어느 날 밤 나는 한 술집에서 술기운에 범죄를 저질렀고 감옥에 가게 됐다네. 그곳에서 나는 베옷과 재를 뒤집어쓰고 회개했지. 나는 오늘 출소해서 옛 회사에 갔는데 나를 내쫓더군. 그래서 알고 있던 다른 회사에도 갔지만 동일한 취급만 받았다네. 과거 내 부하 직원이었던 사람들을 길에서 만나 모자를 벗고 인사했는데도 아무도 쳐다보질 않았다네."

그 사람은 괴로워하며 주먹을 꽉 쥐면서 "모든 것이 사실이야. 심는 것보다 거두는 것이 오래 걸리지"라고 말했습니다. 당신은 이 사실이 믿어지지 않습니까? 그렇다면 자신의 인격과 명성과 가정을 술로 망쳐버린 주변사람에게 물어보십시오. 이것이 사실임을 알게 될 것입니다. 인격을 세우는 데는 많은 시간이 걸리지만 날려 보내는 데는 한 순간이면 족합니다.

콜롬버스 감옥에서 몇 년 전 30년 동안 투옥되어 있던 죄수 하나가 죽었습니다. 그는 오하이오주의 백만장자 중의 하나였습니다.

50년 전 당국에서 시카고에서 뉴욕까지 간선 철도를 건설하려고 한 적이 있었습니다. 그런데 마침 이 철도는 클리브랜드 근처에 있는 이 사람의 농장을 관통하게 되었습니다. 그는 철도로 인해 자신의 농장이 나뉘는 것을 원치 않았기 때문에 법에 호소했습니다. 그러나 법원은 그에게 보상금을 지급하고 철도를 건설하도록 판결했습니다. 철도가 개통된 후 얼마 있다가 밤중에 기차가 탈선하는 사고가 일어나 몇 사람이 죽었습니다. 이 사람이 혐의자로 체포되어 재판을 받고 무기징역을 받았습니다. 그 농장은 그 후 분할되어 도시 재개발 구역으로 확정되었고 그는 백만장자가 되었습니다. 그러나 그는 그 혜택을 누릴 수가 없었습니다. 그가 죽기 전 교도소 목사가 그가 하나님의 자녀가 되었다고 말해 주었습니다. 철도건설에 반대하는 데는 1시간도 안 걸렸지만 그 대가로 그는 30년 동안 그 행동의 결과를 거두게 되었던 것입니다.

프랑스 역사에 보면 한 왕이 죄수들을 고문하기 위해 새로운 방법을 찾고 있었는데 측근 중 한 사람이 누울 수 있을 만큼 길지 않고 서 있을 수 있을 만큼 높지 않은 그런 굴을 만들 것을 제안하였다고 합니다. 왕은 그 제안을 받아들여 그 시설을 설치했는데 공교롭게도 그 굴에 처음으로 갇히게 된 사람은 그것을 제안했던 바로 그 신하였다고 합니다. 그는 그곳에서 14년간 있었습니다. 그 잔인한 장치를 제안하는 데는 단 몇 분밖에 안 걸렸거니와 그는 자신이 심은 것을 14년 동안이나 거두게 된 것입니다.

어떤 사람이 자신이 심은 것을 혼자 거둔다면 어쩌면 그렇게 힘들지 않을지도 모릅니다. 그러나 그의 착한 아버지와 자신을 사랑하는 어머니 그리고 아내와 가족과 함께 그 대가를 치르게 되는 것은 끔찍한 일입니다. 술주정뱅이의 집에서 그의 아내와 자식들이 거두게 될 수확은 얼마나 끔찍합니까! 노름꾼이 심은 것을 친척들도 거두지 않습니까? 창녀의 부모들이 고뇌와 수치를 거두지 않겠습니까? 죄란 실로 끔찍한 원수입니다! 하나님께서 단번에 이 원수로부터 우리가 돌이킬 수 있도록 도우시기를!

자신의 방탕한 생활에 대해 경악스럽게 이야기하는 젊은이들을 볼 때마다 나는 그들을 비웃는 대신 울고 싶은 심정을 느낍니다. 왜냐하면 그로 인해 나이 든 그의 어머니가 눈물로 거두게 될 것이 무엇인지 알기 때문입니다. 그는 아내를 부끄럽게 할 것이고 늙은 아비와 죄 없는 아이들도 그가 뿌린 것을 함께 거두게 될 것입니다. 기껏해야 10년 아니면 15년 혹은 20년도 가기 전에 자신이 심어놓은 것들을 다 거둘 것입니다. 심은 것을 거두지 않는 법은 없습니다. 바람을 심고 회오리바람을 거두게 될 것입니다.

우리는 우리의 행동이 다른 이들에게 미치는 영향력을 통제할 수가 없습니다. 만약 내가 엉겅퀴를 내 밭에 심으면 때가 되어 바람이 불어 엉겅퀴의 관모를 담장 밖으로 날려 보내게 될 것이고 결국은 내 이웃도 나와 함께 거두게 될 것입니다. 이처럼 나의 행동은 나의 자녀들이나 이웃에게 영향을 끼칩니다. 나의 모든 행동은 다른 사람들을 통해 그것이 좋은 방향으로든 나쁜 방향으로든 재생될 수밖에 없습니다. 야곱과 다윗과 롯과 같은 사람들의 죄 때문에 얼마나 많은 사람들이 망가지게 되었는지 실로 안타깝기 그지없습니다.

### 이파리만 남았네!

이파리만 남았네! 성령께서 탄식하시네
낭비된 많은 날들
양심이 잠든 가운데 저질러진 죄들을
지키지 않은 맹세와 약속들을
그리고 다툼의 세월로부터 거두어보니
이파리만 남았네! 이파리만 남았네!

이파리만 남았네! 아무 곡식도 못 거두었네
잘 익어가는 인생의 알곡에서
우리는 우리 씨를 뿌리니 보라, 가라지와 갈대라
말들, 쓸데없는 말들, 열심히 일하는 대신
그대 거두리라, 수고와 고통으로
이파리만 남았네! 이파리만 남았네!

이파리만 남았네! 슬픈 추억의 천이 짜여지니
과거를 숨길 휘장은 없네
곤한 인생길 추적하여
잃어버린 낭비된 날들을 세어보니
슬프게도 결국 발견한다네
이파리만 남았네! 이파리만 남았네!

아, 누가 주인님을 뵈러 가서
시든 이파리만 그렇게 내놓을 것인가?
아, 누가 구원자의 발밑에
두려운 심판석 앞에
황금빛 알곡대신 내려놓을까?
이파리만 남았네! 이파리만 남았네!

- L-E Ackerman(아커만)

# 6. 씨에 대해 무지해도 결과는 차이가 없다

"이 말에 놀라지 말라. 무덤 속에 있는 모든 자들이 그의 음성을 듣고 나올 때가 오고 있나니 선을 행한 자들은 생명의 부활로, 악을 행한 자들은 정죄의 부활로 나오리라." - 요 5:28,29

Sowing and Reaping

6

# 씨에 대해 무지해도 결과는 차이가 없다

이 말에 놀라지 말라. 무덤 속에 있는 모든 자들이 그의 음성을 듣고 나올 때가 오고 있나니 선을 행한 자들은 생명의 부활로 악을 행한 자들은 정죄의 부활로 나오리라. - 요 5:28,29

**자, 다시 한 번 주목해 보도록 하십시다.** 씨가 어떤 종류인지에 대해 무지하다 할지라도 아무런 차이는 없습니다. 내가 좋은 씨를 심는다고 생각하며 심었으나 그 씨가 나쁜 씨였다면 그 결과는 당연히 나쁜 수확이 될 것입니다. 내가 씨를 심고 있는 사람을 만나 "이봐요, 안녕하세요, 지금 무엇을 심고 계십니까?" 라고 물었다고 가정해 봅시다.

"씨를 심는데요."

"무슨 씨를 심는데요?"

"모르겠는데요."

"좋은 씨인지 나쁜 씨인지 모르세요?"

"네, 잘 몰라요, 하지만 씨는 씨인 걸요, 내가 알고 싶은 것은 그저 그것이 씨앗이고 나는 그것을 심고 있다는 사실입니다."

이런 사람이 있다면 많은 사람들이 그를 미친 사람이라고 할 것입니다. 그렇지 않습니까? 그러나 이 사람은 이 세상에서 영원을 향해 뭔가를 심으면서 자신이 무엇을 심고 있는지 그리고 무엇을 거둘 것인지를 묻지도 않는 수많은 사람들과 비교해 볼 때 훨씬 덜 미쳤다고 할 것입니다.

아버지들이여, 당신들은 가족 안에다 무슨 씨를 심고 계십니까?

당신의 자녀들에게 좋은 본(本)을 보이고 계십니까? 나쁜 본을 보이고 계십니까?

술집이나 클럽에서 시간을 다 보내고는 자녀들에게는 거의 이방인처럼 되어 버리지는 않았습니까? 아니면 당신은 자녀들을 하나님을 섬기는 의의 일꾼으로 훈련시키고 계십니까?

어떤 한 사람이 자신은 자식에게 종교에 대해 강요하지 않겠으며 아무런 편견 없이 그가 어른이 되면 알아서 결정하게 할 것이라고 말했다고 합니다. 한 번은 그의 아들이 팔이 부러졌는데 의사가 처치를 하고 있는 동안 이 소년이 내내 저주와 악담을 쏟아냈습니다. 이에 그 의사가 이렇게 말했습니다.

"당신은 자녀가 올바른 길로 들어서도록 의도적으로 유도하지 않겠다고 했으나, 마귀는 반대 길로 그를 유도하고 말았군요."

자식을 제멋대로 살도록 내버려 두겠다고 생각하는 아비가 있다니! 자연에 맡겨 놓으면 갈대(잡초) 외에는 자라지 않는 법입니다.

콜리지(Coleridge)*의 친구들 중의 한 사람이 젊은이들에게 무엇을 배워야 할지를 미리 지정해 줌으로써 그들의 생각을 일정한 방향으로 유도하는 데 반대했다고 합니다. 이에 콜리지(Coleridge)는 그 친구를 초대해 자기 집 정원 구경을 시켜주면서 추하고 향기도 없는 갈대들이 가득한 장소로 그를 데리고 갔다고 합니다.

"이것을 두고 정원이라고 부르지는 않겠지?" 그 친구가 말했습니다.

"뭐라고! 자네는 정원이란 장미와 백합으로 채워져야만 한다는 편견으로 나를 유도하고 있는 건가?"

사람의 생각과 마음에도 동일한 일이 생긴다는 사실을 주목해 본 적이 당신은 없으십니까? 아이를 게으름 가운데 그냥 내버려 둬 보십시오. 사탄이 그를 즉시로 채어 갈 것입니다. 아이는 반드시 돌봄을 받아야 합니다. 그의 인격 개발을 위한 도움이 그를 위해 제공되어야 하며 해로운 것들은 제외되어야 합니다. 이는 농부가 유용한 작물을 경작하고 잡초와 건전치 못한 식물을 없애고자 끊임없이 전쟁을 벌이는 것과 마찬가지입니다.

한 살인자가 처형을 당하게 되었을 때 자신의 무모했던 인생에 대해 이렇게 털어놓았다고 합니다.

"어려서부터 너무도 형편없이 키워졌는데 이 말고 무슨 다른 것을 기대할 수 있었겠소. 내가 겨우 네 살 때 우리 어머니란 사람이 내가 어떻게 반응하는지 본다고 내 목구멍에 위스키를 부었으니 말이오."

그가 처형되던 날 그로 하여금 그 수치스러운 인생의 종말을 맞이하도록 만든 장본인인 그 비참한 어미가 그에게 작별을 고하러 왔었다고 합니다.

---

*  미국의 유명한 철학자이며 시인 - 역자 주

한 아버지가 눈이 약간 내린 날 아침 일찍 사무실로 출근을 했습니다. 그런데 뒤돌아보니 자신의 두 살짜리 아이가 자기의 큰 발자국을 그대로 밟으며 애써 따라오고 있었습니다. 그 아이는 "계속 가, 아빠, 나도 간다. 난 아빠 자국 따라 가니까"라고 외치고 있었습니다.

그는 그 아이를 집에 데려다 주고 다시 사무실로 향했습니다. 그는 늘 출근하면서 도중에 있는 바에 들려 한잔하는 습관을 갖고 있었습니다. 그날 그 아침 그 술집 문 앞에 도착했을 때, "계속 가, 아빠, 나도 간다. 아빠 자국 따라 가니까" 그날 그 아이의 달콤한 소리가 들려오는 것 같았습니다. 그는 입구에서 멈추어서, 머뭇거리다가 아이의 미래의 모습을 뚜렷이 보게 되었습니다.

'나는 우리 아이에게 부끄럽거나 후회할 만한 그 어떤 자국도 남겨 주어서는 안된다.' 그는 이렇게 단호하게 말하면서 그 술집에서 돌아섰다고 합니다.

아버지들이여, 어머니들이여, 친구들이여, 여러분의 자국은 어떻습니까? 곧바른 자국을 남기고 계십니까? 그 누구에게든 "내가 그리스도를 따르는 것처럼 나를 따르시오"라고 말할 수 있으십니까? 당신의 어린 자녀들을 목자장께로(예수 그리스도께로) 안전하게 인도하고 계십니까?

좋은 씨를 뿌릴 최적의 시기는 사탄이 가라지를 뿌리기 전입니다. 하나님께서는 이에 대해 경고와 지침을 주셨습니다.

"오직 너희는 첫째로 하나님의 왕국과 그분의 의를 구하라." -마 6:33상

"아이가 마땅히 가야 할 길로 아이를 훈련시키라." -잠 22:6상

"… 너희 자녀들을 노엽게 하지 말고 오직 주의 교육과 훈계로 양육하라." -엡 6:4

만약 농부가 봄에 씨 뿌리기를 소홀히 한다면 그는 그 잃어버린 기회를 다

시는 되찾을 수 없습니다. 당신 역시 기회를 소홀히 하면 마찬가지입니다. 청년의 때는 심는 시기입니다. 좋은 씨를 심지 못한 채로 이 시기를 넘겨버리면 잡초가 삐져나와 땅을 질식시켜 버릴 것입니다. 그 잡초들을 뽑아버리려면 엄청난 쓰라린 수고가 있어야 합니다.

나이 든 한 성도가 말하기를, 한 훌륭한 농부가 자기 밭에서 잡초를 보자 뽑아버렸다고 했습니다. 잡초를 제 때에 일찍 뽑아버리면 빈터가 없이 전체 밭이 곡식으로 물결을 이루게 됩니다. 그러나 너무 늦으면 빈터가 그대로 남게 됩니다. 물론 잡초가 아예 뿌리내리지 못하게 하면 금상첨화일 것입니다.

젊은이여! 그대는 혹시 어떤 은밀한 죄가 그대의 손과 발을 묶어 그대를 지배하도록 내버려두고 있지는 않습니까? 죄는 자라납니다. 모든 죄는 다 자랍니다.

수년 전 글래스고우(Glasgow)에서 5천 명의 어린이들에게 말씀을 전하면서 나는 실패(실을 감아놓은 것) 하나를 보여 주면서 그 가운데 가장 큰 소년에게 이렇게 물었습니다.

"애야, 내가 너를 이 실로 묶을 수 있다고 믿느냐?"

그 아이는 내 생각을 비웃었습니다. 나는 그 아이의 몸을 실로 몇 번 감았습니다. 그랬더니 그 녀석은 단번에 그 실을 끊어버렸습니다. 그때 나는 그 아이를 수십 번 반복해서 그 실로 감고는 "자 이제 그 실을 끊어보렴" 하고 말했습니다. 그 소년은 손도 발도 꿈쩍 못했습니다. 이처럼 악한 습관에 노예가 되면 그 습관은, 당신이 그 습관을 죽이지 않는다면, 언젠가 당신을 죽이고 말 것입니다.

친구여, 당신은 어떤 종류의 씨앗을 심고 계십니까? 지난 몇 년 간의 당신의 삶을 쭉 기억해 보십시오. 이중적 생활을 해 온 것은 아닙니까? 당신이 고백하는 것을 실제로는 소유하고 있지 않는데도 입술로만 고백한 적은 없으십니까? 만약 당신이 혐오하는 그 무언가가 당신의 삶 속에 남아 있다면 그것은 위선입니다. 하나님께서도 또한 그것을 혐오하지 않으시겠습니까? 만약 당신으로 하여금 죄를 범하게 하는 것이 당신의 오른쪽 눈이라면 그것을 뽑아낼 결심을 하기 바랍니다. 그것이 오른손이든 혹은 오른발이든 잘라내십시오. 그것이 어떤 죄이든지 간에 더 이상 지체 말고 승리를 쟁취하도록 결단하기 바랍니다.

친구여! 당신은 어떤 종류의 씨앗을 심고 계십니까, 좋은 씨입니까, 나쁜 씨입니까? 당신이 원하든 원하지 않든 간에 반드시 거둬야 할 때가 올 것입니다. 당신은 한가로운 시간을 어떻게 보내고 계십니까? 다른 사람의 마음을 오염시키는 더러운 얘기를 하여 당신의 마음마저 더럽히고 있지는 않으십니까? 당신의 생각을 불결하게 만드는 어떤 책을 읽고 있지는 않으십니까? 주말은 어떻게 보내십니까? 보트, 낚시 혹은 야외나들이를 하면서 보내고 계십니까?

당신은 사역자들이 구태의연한 고집쟁이들로 암흑시대에나 어울릴 사람이라고 생각하십니까? 당신이 부모님을 어떻게 대하는가 말해 주십시오. 내가 당신 자녀가 당신을 어떻게 대할지 말해 드리겠습니다. 한 사람이 자기의 늙은 아버지를 생활보호시설로 데려가려고 짐을 꾸리고 있었습니다. 그때 그의 아이가 일어나 이렇게 말했다고 합니다.

"아빠, 아빠도 늙으면 나도 아버지를 생활보호시설로 보내야만 하는 건가요?"

당신은 부모님께 안부편지를 하십니까? 그들은 당신을 먹이고 입히고 가르쳤습니다. 그런데도 당신은 밤마다 도박을 하며 인생을 낭비합니까?

어떤 자들은 세상친구들에게 자기 부모가 어렸을 때 자기에게 종교를 강요했다고 불평하는데 나는 부모에게 그런 말을 하는 자들을 몹시 경멸합니다. 부모가 실수를 했을 수도 있습니다. 그러나 그것은 머리로 잘못 판단한 실수일지는 모릅니다. 마음은 아닙니다.

만약 당신이 천연두에 걸렸다는 전보를 당신의 부모가 받는다면 그들은 즉시로 첫 차를 타고 당신에게 가려고 할 것입니다. 그들은 그 질병을 자신의 몸에 옮길 수 있다면 그리하고자 할 것이고 당신 대신 죽기까지 할 것입니다. 만약 당신의 부모를 조롱하거나 비웃는다면 그 대가를 치를 것입니다. 당신은 고뇌 가운데 거두게 될 것입니다. 단지 시간의 문제일 뿐 반드시 옵니다.

"하나님의 방아는 천천히 돌지만, 아주 꼼꼼히 빻는다."

주 예수님께서도 이렇게 말씀하셨습니다.

"… 너희가 무슨 척도로 재든 그것대로 너희가 다시 평가를 받으리라." -마 7:2하

어떤 사람이 지난번 내가 영국에 갔을 때 나에게 "영국이 미국보다 나은 점이 하나 있어요."라고 말했습니다. 내가 무엇이냐고 묻자 그는 다음과 같이 말했습니다.

"우리 영국 사람은 미국 사람들보다 법을 더 존중합니다. 당신들은 살인자를 절반 밖에 처형하지 않지만 우리 영국에서는 유죄로 판명되면 모든 살인자들이 교수대에 매달리지요."

이에 나는 이렇게 대답해 주었습니다.

"미국이든 영국이든 두 나라 모두 최악의 살인자들을 교수대에 매달지 않는 것 같습니다. 만약 제 아들이 저를 죽이기 원한다면 저는 5년에 걸쳐 죽이는 것보다 차라리 즉시로 저를 죽이라고 할 것입니다. 젊은 청년이 밤마다 늦게 집에 들어가 이를 야단치는 어머니에게 악담을 퍼붓는다면 그것은 그녀를 서서히 말려 죽이는 것이요, 그는 최악의 살인자인 셈이지요."

이런 일이 이 세상 곳곳에서 벌어지고 있습니다. 이런 경우처럼 분명한 죄는 아닐지라도 그 어떤 죄든 간에 자라날 것입니다. 당신이 마음속에 죄를 지니고 있다면 그 죄가 어디로 당신을 이끌고 갈지는 아무도 모릅니다. 자녀를 어미로부터 혹은 남편을 아내로부터 갈라놓는 데 있어 죄보다 더 강력한 것은 없습니다. 하나님의 은혜는 사람을 하나로 만들지만 죄는 사람을 갈라놓고 분리시킵니다.

자, 내 친구여! 당신은 어떤 종류의 씨앗을 심고 계십니까? 당신의 수확이 어떠하리라 생각하십니까? 어두움의 수확이 될 것 같습니까, 기쁨의 수확이 될 것 같습니까? 만약 당신이 가라지를 심어 놓고서 알곡이 나올 것이라고 생각한다면 크게 오해하고 있는 것입니다. 만약 당신이 당신의 정욕과 욕심을 통제하지 않고 느슨하게 놓아 둔 채로 영생을 갖고 있다고 생각한다면 당신은 속고 있는지도 모릅니다. 왜냐하면 하나님께서는 이렇게 말씀하고 계시기 때문입니다.

"자기 육신에게 심는 자는 육신으로부터 썩는 것을 거두되 성령에게 심는 자는 성령으로부터 영존하는 생명을 거두리라." - 갈 6:8

## 조심해서 택하라

나는 당신이 가야 할 길을 조심해서 택하라고 간청하고자 합니다. 농부는 씨를 고를 때 조심스럽습니다. 그는 나쁜 씨나 질이 낮은 씨를 원치 않습니다. 그럴 경우 수확이 형편없을 것임을 그는 잘 알고 있기 때문입니다. 그는 자신이 찾을 수 있는 최상의 씨앗을 구합니다. 당신이 육신에 심기로 선택한다면 당신은 썩을 수확을 거두게 될 것입니다. 만약 당신이 죄악된 행위를 저지르면, 당신은 불명예를 안고 무덤으로 갈지도 모릅니다.

선택이란 엄숙한 일입니다. 당신은 바로 이 순간에도 당신의 삶의 획기적인 전기를 맞이할 수 있습니다. 페루를 정복하던 당시 피싸로(Pizzaro)의 동료들이 그를 내버리겠다고 위협을 했습니다. 그들은 바닷가에 모여 고향으로 출항하려고 했습니다. 이에 피싸로는 칼을 빼서 모래 위에 동서로 금을 그었습니다. 그는 남쪽으로 돌아서면서 이렇게 말했다고 합니다.

"저쪽에는 수고와 배고픔과 헐벗음과 쏟아지는 폭풍우와 사망이 기다리고 있다. 반면 이쪽은 편안함과 즐거움이 있다. 저쪽에는 페루와 그 모든 부가 있으나 이곳에는 파나마와 가난이 있을 뿐이다. 각자 용감한 까스티야 사람(Castilian)*답게 결단을 내리라. 나는 남쪽으로 간다."

그가 이렇게 말을 하고 금을 건너 남쪽을 향하자 그의 동료들이 한 사람씩 한 사람씩 그를 따랐고 이로써 남미의 운명은 정해진 것이었습니다.

---

\* 스페인의 당시 이름 - 역자 주

나폴레옹이 한 번은 터키의 포병부대에 장교로 와 줄 것을 제안받았습니다. 그는 그것을 거절했습니다. 만약 그가 그 제안을 받아들였더라면 유럽의 역사는 달라졌을 것입니다.

당신의 영적인 일에 있어 어떤 선택을 하느냐에 당신의 영원은 달려 있습니다. 저 쪽 편에는 그리스도께서 계시고 그 반대 편에는 세상이 있습니다. 이 둘 사이에서 당신은 선택을 해야 합니다.

알곡과 가라지가 다 자라기를 바라지 마십시오. 오, 그리스도를 택하시기 바랍니다! 반쪽만 마음을 드리지 마십시오. 온 마음을 그분께 다 드리십시오. 그분께서는 당신을 죄의 저주로부터 구속하시려고 죽으셨고, 그분께서는 죄의 권능으로부터 당신을 구원하시려고 살아 계십니다.

"아무도 두 주인을 섬길 수 없나니" - 마 6:24상

당신은 동시에 두 왕국에 속할 수 없습니다.

브로엄(Brougham)경은 깐느(Cannes)라는 도시를 너무도 좋아한 나머지 프랑스로 귀화하고자 했습니다. 그러나 그는 영국의 귀족인 동시에 프랑스의 시민이 된다는 것이 불가능하다는 것을 알았습니다. 그는 프랑스인이 되기 위해 영국 귀족을 포기해야 했습니다.

이 모든 것이 우리의 의지의 문제입니다. 다른 사람의 인도를 따라가는 것 즉 물결 따라 수영하는 것은 쉽습니다. 하지만 사람들의 의견과 관습의 물결을 거슬러 굳게 서려면 인격과 도덕적 결단이 필요합니다. 지난 번 전쟁에서 (남북전쟁) 한 탈영병이 피츠버그 앞 북부동맹의 진영으로 들어왔습니다.

"어째서 탈영했나?"라는 질문에 그의 대답은 다음과 같았습니다.

"모두가 탈영했으니까요."

이것은 많은 사람들의 행동을 설명해 줍니다.

그들은 "로마에 있는 동안에는 로마 사람처럼 행동하라."는 속담에 따라 행동합니다. 이들에게는 로마인들이 올바르게 행동하는지 아닌지를 조사해 보고 알아보려는 생각이 없습니다. 그러나 로마인들이 잘못 행동하면 이에 저항하는 것이 마땅합니다. 필요한 경우 다니엘처럼 한 나라 전체에조차 저항해야 합니다.

전능하신 하나님께서는 이스라엘 자녀들 앞에 두 가지를 놓아두었습니다. 나도 여러분 앞에 두 가지를 놓겠습니다. 기억하십시오. 당신이 무엇을 택하느냐에 따라 당신의 영원이 결정될 것입니다.

"보라, 내가 이 날 생명과 복과 또 사망과 화를 네 앞에 두었나니 그런즉 내가 이 날 네게 주 네 하나님을 사랑하고 그분의 길들로 걸으며 그분의 명령과 법규와 판단의 법도를 지킬 것을 명령하노라. 그리하면 네가 살고 번성하며 또 주 네 하나님께서 네가 가서 소유할 땅에서 네게 복을 주시리라. 그러나 네가 만일 마음을 돌이켜서 들으려 하지 아니하고 끌려가서 다른 신들에게 경배하며 그들을 섬기면 내가 이 날 너희에게 선언하나니 너희가 반드시 망할 것이요, 네가 요르단을 건너가 소유할 땅에서 너희가 너희 날들을 길게 하지 못하리라. 내가 이 날 하늘과 땅을 불러 너희에게 증거로 삼노라. 내가 생명과 사망과 또 복과 저주를 너희 앞에 두었나니 그러므로 너와 네 씨가 살기 위하여 생명을 택하라. 그리하면 네가 주 네 하나님을 사랑하고 그분의 음성에 순종하며 또 그분을 굳게 붙들 수 있으리라. 그분은 네 생명이시요, 또 네 날들을 길게 하는 분이시니 이로써 네가 주께서 네 조상 아브라함과 이삭과 야곱에게 주리라고 맹세하신 땅에 거하리라." - 신 30:15-20

# 7. 용서와 응보

"… 주께서는 각 사람에게 그의 행위대로 갚으시나이다." - 시 62:12하
"우리가 반드시 다 그리스도의 심판석 앞에 나타나리니 이로써 각 사람이 좋은 것이든 나쁜 것이든 자기가 행한 것에 따라 자기 몸 안에 이루어진 것들을 받으리라." - 고후 5:10

Sowing and Reaping

# 7

# 용서와 응보

… 주께서는 각 사람에게 그의 행위대로 갚으시나이다. - 시 62:12하

우리가 반드시 다 그리스도의 심판석 앞에 나타나리니
이로써 각 사람이 좋은 것이든 나쁜 것이든 자기가 행한 것에 따라
자기 몸 안에 이루어진 것들을 받으리라. - 고후 5:10

"**나는 교회에서** 만약 우리가 우리의 죄를 자백하면 하나님께서 우리를 용서하실 것이라고 들었는데 이제 와서는 내가 심은 씨앗과 같은 종류를 반드시 거두게 될 것이라고 하니 이것을 어떻게 이해해야 합니까?" 이렇게 말씀하시는 분이 분명히 있을 것입니다. 용서의 교리와 응보의 교리를 어떻게 조화시킬 수 있을까요?

"우리는 다 양 같아서 길을 잃고 각각 자기 길로 갔거늘 주께서는 우리 모두의 불법을 그에게 담당시키셨도다." - 사 53:6

그런데 내가 심은 대로 그대로 거둔다니!

자, 그렇다면 내가 내 종을 시켜 곡식을 심으러 보냈다고 가정해 보십시다. 그런데 그 곡식이 자라날 때 그곳에 엉겅퀴가 섞여 나왔다고 칩시다. 그런데 1년 전에는 그곳에 엉겅퀴가 없었습니다.

그래서 내가 그 종에게 "밭에 엉겅퀴가 나왔는데 어찌 된 일인가?"라고 물었습니다. 그랬더니 "예, 그것은 지난번 저에게 곡식을 심으라고 시키셨을 때 제가 화가 나서 곡식 안에 엉겅퀴를 조금 심었습니다. 그러나 당신께서는 제가 잘못을 저지르고 나서 그것을 자백하면 용서하시겠다고 약속하셨습니다. 자 이제 그 약속을 지켜주실 것을 요청합니다. 용서하실 테지요?"라고 말했습니다.

"물론, 자네 말이 옳구먼. 엉겅퀴를 심은 것은 용서하지. 하지만 한 가지 말해 두고 싶은 것은 수확 때가 오면 자네는 알곡은 물론 반드시 엉겅퀴도 거두어야만 한다는 것일세."

오늘날도 많은 그리스도인들이 알곡과 함께 엉겅퀴를 거두고 있는 중입니다. 당신이 20년 전에 알곡과 함께 심어 놓은 엉겅퀴를 당신은 지금 거두고 있지 않습니까? 어쩌면 그 엉겅퀴가 음란한 이야기였을지도 모릅니다. 그 이야기 생각이 심지어는 가장 엄숙한 순간에마저 떠올라 당신을 괴롭히고 있을지도 모릅니다. 어쩌면 다시는 기억하기도 싫은 혐오스러운 말이나 행동이었을 수도 있습니다.

나는 존. B. 고프(Gough)라는 사람이 자신은 어떠한 죄를 짓기보다는 차라리 자기 손을 잘라 버리겠노라고 말하는 것을 들었습니다. 그는 그것이 무슨 죄였는지 말하지 않았지만 나는 그것이 그가 자기 어머니를 대했던 방식과 관련이 있었다고 늘 추정하곤 했었습니다. 그는 그의 어머니가 돌아가실 당시 빈민굴에서 형편없는 술주정뱅이였습니다. 어머니는 자식의 그런 모습을 견딜 수 없었고 상심함으로 인해 죽었습니다.

하나님께서는 그를 용서했으나 정작 그는 자기 자신을 용서할 수 없었던 것입니다.

많은 사람이 죽을 때까지 자신도 용서할 수 없는 그런 일들을 저질러 왔습니다. 누군가가 이렇게 말했습니다.

"바로 이 순간 많은 자녀들의 불명예스러운 무덤으로부터 의로운 응보를 요구하는 침묵의 호소 소리가 들려오고 있다. 많은 술주정뱅이들의 비참한 가정으로부터 하나님의 귀에 끔찍한 호소 소리가 울려 퍼지고 있다."

나는 하나님께서 그리스도로 인하여 죄를 완전히 거저 용서하신다고 믿습니다. 하지만 그분께서는 어떤 형태의 응보는 그대로 남도록 허락하십니다. 만약 어떤 사람이 방탕한 삶으로 세월을 낭비하였다면 그는 그 세월을 결코 되돌릴 수 없습니다. 만약 누가 양심을 거슬리는 짓을 했다면 그 상처의 흉터는 평생을 갑니다. 자신의 명예를 실추시킨 사람은 그 후유증을 결코 없애지 못합니다. 방탕과 죄악으로 몸을 망치면 죽을 때까지 그 대가를 치릅니다.

탈메지(Talmage)는 이렇게 말했습니다.

"하나님의 은혜는 새 마음을 주시나 새 몸을 주시지는 않는다."

한 아버지가 아들에게 말했습니다.

"존, 망치 좀 가져다주렴."

"네, 아버지."

"이번에는 못하고 소나무 판을 가져 오거라."

"여기 있습니다, 아버지."

"그 못을 판에 박아 주겠니?" 그 아들은 말씀대로 했습니다.

"그 못을 다시 뽑으려므나."

"그건 쉬워요, 아버지."

그때 아버지가 목소리를 낮추면서 이렇게 말했습니다.

"자, 이제 못 박힌 구멍 자국을 없애봐라."

이처럼 모든 옳지 않은 행동은 그 흉터를 남기기 마련입니다. 만약 그 송판이 살아 있는 나무라 할지라도 자국은 그대로 남습니다. 물론 나의 가장 추악한 죄에 대해서도 구속의 은혜는 미칩니다.

내 죄는 흰 눈처럼 희어질지도 모르며 다 지나가 버릴지도 모릅니다. 그러나 그 죄는 나와 하나님과의 관계를 방해하거나 망쳐버릴 수 있습니다. 아무리 적은 죄일지라도 우리의 삶에, 인격에, 기억에, 양심에, 때로 우리의 나약함에, 자주 우리의 세상 지위에, 우리의 명예에, 성공에, 건강에… 실로 셀 수 없이 많은 부분에서 그 흔적들을 남깁니다. 하나님께서는 이것들을 제거하시지 않으실 것입니다. 다만 멈추도록 허락은 하십니다.

그 누구도 죄 용서를 선포하는 복음을 단순히 죄를 면제해 주는 사면장으로 전락시키지 마십시오. 그렇지 않습니다. 바울은 그리스도인들에게 "속지 말라, 하나님은 조롱당하지 아니하신다."-갈 6:7 고 했습니다.

하나님께서는 우리를 너무도 사랑하셔서 자기 자녀들이 죄를 지을 때 그들을 벌하지 아니하시며 우리의 범죄의 부산물들을 (가능하다면) 지워 주십니다. 하지만 이 진리는 두 측면이 있는데 우리는 이를 인정해야 합니다. 우리의 악한 행동에 대한 더 깊고 중차대한 형벌(즉 하나님으로부터의 분리와 뒤따르는 고통스런 죄의식)은 다 가져가 버리셨으나 죄악의 다른 흔적들은 여전히 남아 있도록 허락하십니다. 이것들이 죄인들에게 더 유익하고 복이 될 수도 있기 때문입니다.

맥크라렌(Maclaren) 씨는 이렇게 말합니다.

"당신이 청춘을 낭비한다면 그 어떤 후회도 결코 세월을 되돌릴 수 없으며 게으름으로 잃어버린 터전을 회복할 수 없고 방탕으로 인해 망가진 성격 또한 찾을 수 없다. 물론 선한 의사이신 주님께서 상처를 치료해 주실 수 있다. 은혜로우신 그분은 수술 칼, 붕대, 연고, 기타 치료에 필요한 모든 것을 갖고 계신다. 하지만 상처가 아물더라도 흉터는 남는다는 것을 잊지 말라."

하나님께서는 모세와 아론의 죄들을 용서했습니다. 하지만 그들은 둘 다 대가를 치러야 했습니다. 그 둘 누구도 약속의 땅에 들어가지 못했습니다.

야곱은 얍복강가에서 '하나님의 왕자'가 되었습니다. 하지만 그는 생을 마치는 그 순간까지 그가 하나님과 싸운 표식을 몸에 지니고 있어야 했습니다.

바울의 가시는 제거되지 않았습니다. 심지어는 세 번에 걸친 간절한 기도에도 불구하고 그랬습니다. 물론 그 가시가 힘을 잃고 은혜의 도구가 된 것은 사실입니다. 어쩌면 바로 이 때문에 죄에 대한 보응을 제거하지 않으시는 것 같습니다. 그분의 징계의 수단으로 사용하시려는 의도인 셈입니다.

"주께서 사랑하는 자를 친히 징계하시고" - 히 12:6상

우리에게 응보나 그 흔적이 모두 제거되어 버리면 또 죄로 되돌아가는 성향이 있습니다. 형벌은 우리의 나약함을 계속 기억토록 함이며 하나님 앞에서 신중하게 살고 그분만을 의지하도록 함입니다.

한번은 밤에 시카고에서 YMCA 강당에서 모임을 갖고 있었는데 그 모임이 끝나갈 무렵 한 청년이 벌떡 일어나 말했습니다.

"무디씨, 몇 말씀드려도 될까요?"라고 말했습니다.

"물론입니다." 나는 대답했습니다. 그리고 나서 그는 약 5분 정도 거기 있는 사람들에게 죄를 끊으라고 애원을 했습니다. 그는 이렇게 말했습니다.

"그 누군가 당신의 영적 생활에 관심을 보이면 그를 잘 대해 주세요. 그야말로 가장 좋은 친구입니다. 제가 어렸을 때 제 아버지와 어머니는 저에게 무척 관심이 많으셨어요. 아버지는 매일 아침 가정 제단을 쌓으며 저를 위해 기도하시곤 했습니다. 그리고 밤마다 저를 하나님께 위탁했지요. 그런데 저는 거칠고 무모했고 집안의 간섭을 싫어했습니다. 아버지가 돌아가셨을 때 어머니는 가정예배를 드리셨습니다. 여러 번 어머니가 제게 와 '오, 얘야 가정예배에 참여해준다면 나는 지구상에서 제일 행복한 엄마가 될 것이다. 그런데 너는 내가 기도드릴 때 집에 머물러 있지도 않는구나.' 라고 말했습니다. 저는 때로는 방탕한 시간을 보내다 한밤중에 귀가했고 그때마다 어머니께서 저를 위해 기도하고 계신 것을 보았습니다. 때론 어머니는 아침 몇 시간을 저를 위해 간구하곤 했습니다. 결국 저는 제가 그리스도인이 되든지 집을 나가든지 해야 할 때가 되었음을 알게 되었죠. 나는 어머니 모르게 돈을 훔치고 몇 가지 짐을 챙겨 집을 나왔습니다."

"얼마 후 나는 어머니가 아프시다는 소식을 전해 들었습니다. 그때 저는 '아, 나 때문에 병이 나셨구나' 하고 생각했지요. 저는 곧바로 집으로 가 얼마 남지 않은 어머니의 여생에 조금이라도 위안이 되어야겠다고 생각했습니다. 그런데 갑자기 그렇게 되면 내가 그리스도인이 되어야만 한다는 생각이 들더군요. 저는 교만한 마음에 '나는 절대로 그리스도인이 되지 않겠다.' 고 다짐했습니다."

몇 달이 지난 후 그는 그의 어머니가 더 악화되셨다는 소식을 들었습니다.

'만약 어머니께서 사시지 못한다면, 나는 나 자신을 용서 못할 것이다.'

그는 이렇게 생각했습니다. 이에 그는 집으로 돌아갔습니다. 어둑어둑할 무렵 옛 마을에 도착한 그는 일 마일 반쯤 떨어져 있는 집을 향해 걷기 시작했습니다. 가는 길에 그는 묘지를 지나가게 되었는데 그는 자기 아버지 묘 옆에 혹시 무덤이 들어섰는지 보러 가려는 생각이 들었습니다. 그가 그 곳에 가까이 갈수록 그의 심장은 더욱 빨리 뛰기 시작했고 마음이 뭉클해지면서 거의 도착했을 무렵 달빛이 비치는 가운데 새로 만들어진 어머니의 무덤이 보였습니다. 그 청년은 그 집회에 모인 사람들에게 이렇게 결론지었습니다.

"내 인생에 처음으로 이런 질문이 떠오르더군요. 누가 나의 잃어버린 혼을 위해 기도해 줄 것인가? 아버지도 돌아가셨고, 어머니도 돌아가셨으니 이 둘만이 나에게 관심을 보이신 분이 아니시던가. 만약 그날 밤 어머니를 다시 불러 그분의 숨소리 속에서 나의 이름을 부르며 기도하는 어머니의 목소리를 들을 수만 있다면, 그때 나는 세상이 내 것이었다면, 그 세상을 다 주어버렸을 것입니다. 그날 밤 나는 어머니의 무덤 곁에서 밤을 보냈는데 그때 하나님께서 그리스도로 인하여 나의 어머니의 기도를 들어 주셨습니다. 결국 나는 하나님의 자녀가 된 것입니다. 그러나 나는 내가 어머니를 대한 그 태도로 인해 내 자신을 결코 용서 못했으며 결코 용서치 못할 것입니다."

오늘 밤 나의 방황하는 아들은 어디 있는지
내 가장 사랑하는 아이요
한때 나의 기쁨과 빛이었던 아이요
나의 사랑이요 기도였던 그 아이가?

그 아이는 한때 아침이슬 같은 보석이었지
그가 어머니 앞에 무릎 꿇고 있을 때
그 어떤 얼굴도 그리 빛날 수 없고,
그 어떤 마음도 그리 진실치 못하리니
그보다 더 달콤한 아이는 없으리.

오, 지금 너를 볼 수 있다면… 내 아이야
옛날처럼 그렇게 순수한 모습을
그의 재잘거림과 미소로 온 집은 기쁨으로 가득 찼고
우리의 삶은 즐거운 음악 같았네.

내 방황하는 아이를 오늘 찾으러 가시오.
가서 어디든 가서 그를 찾으시오.
그의 모든 망가진 모습과 함께 그를 내게로 데려오시오.
그리고 나는 그를 아직도 사랑한다고 말해주시오.

나의 사랑하는 친구들이여, 하나님께서는 당신을 용서해 주실지 모르나, 당신의 죄의 흉터는, 비록 죄가 용서 받는다 해도, 더욱 더 쓰라린 흔적이 된다는 사실을 부디 잊지 마시기 바랍니다.

몇 년 전 나는 시카고에서 "일어나 벧엘로 올라가서 거기 거하라." - 창 35:1 는 본문 말씀으로 설교하고 있었습니다. 모임이 끝나고 어떤 사람이 혼자 나를 만나러 왔습니다.

우리는 한적한 방으로 갔습니다. 그의 이마에는 땀방울이 송송 맺혀 있었습니다.

"무슨 일입니까?" 내가 물었습니다. 그는 다음과 같이 대답했습니다.

"저는 법망을 피해 도망 중입니다. 위장 망명 중입니다. 우리 주 정부는 저에 대해 현상금까지 내걸었습니다. 저는 이곳에 몇 개월째 숨어있는 중이지요. 사람들은 지옥이 없다고 말하지만, 저는 지난 몇 개월 동안 지옥에서 지낸 기분입니다."

그는 사업가였는데 돈이 많았다고 생각해서, 언제든지 수표를 막을 수 있다고 판단하고 채권을 위조했다가 정도를 지나쳐 망했다고 했습니다. 그는 이렇게 말했습니다.

"저는 이곳에 6개월 있었습니다. 제게는 아내와 세 아이가 있는데 그들에게 편지를 쓸 수도 없고 소식도 듣지 못합니다."

이 불쌍한 사람은 심각한 정신적 고통을 겪고 있었습니다. 나는 그에게 이렇게 말했습니다.

"왜 당신은 돌아가서 법정에 출두하지 않는 겁니까? 하나님께 용서해 주시라고 기도하세요."

"저는 내일 첫 기차를 타고 돌아가 한 가지만 빼고 법의 요구대로 하겠습니다. 아내와 세 아이에게만은 수치를 가져다 줄 수 없지요."

사실 나도 아내가 있고 세 아이가 있지만 그가 그런 말을 했을 때 상황은 나와는 너무도 달라 보였습니다.

아! 우리가 지은 죄의 열매를 우리 자신만이 거둔다면 그토록 우리 마음이 쓰라리지는 않을 텐데! 우리 아이들과 아내와 늙은 부모님이 내 죄의 열매를 나와 함께 거두다니, 이보다 더 쓰라린 체험이 어디 있단 말입니까? 나는 그 어떤 전염병이나 질병보다 죄를 더 무서워합니다. 하나님께서 나의 가족을 죄로부터 지켜주시기만 한다면 나는 그분을 이 땅에서 그리고 영원토록 찬양할 것입니다. 인간의 가장 악독한 원수는 바로 죄입니다.

어떤 사람이 나에게 충고를 얻고자 올 때면 나는 늘 상대방의 입장에 나를 놓고서 최대한 좋은 충고를 해 주려고 노력합니다. 나는 그 사람에게 이렇게 충고했습니다.

"뭐라 말씀드려야할지 모르겠으나 기도하는 것만큼 안전한 것은 없습니다."

나는 기도했고 그에게도 기도하라고 권했습니다. 그는 만약 자기가 법정에 출두한다면 그것은 곧 감옥을 의미한다고 했습니다. 나는 그에게 다음 날 12시에 오라고 했습니다. 그 사람은 약속 시간에 와서 이렇게 말했습니다.

"다 결정됐어요. 내가 벧엘의 하나님을 만나고자 한다면 그분을 만나서 감옥을 통과해야만 합니다. 하나님 도우소서! 제가 돌아가서 출두할 때까지는 비밀을 지켜주십시오. 그리고 나서 제 얘기를 하십시오. 저는 제 인생이 이 지경까지 될 줄은 꿈에도 생각 못했지요. 고향 가문 중 최고의 가문의 여인과 결혼했을 때 그녀에게 이런 수치를 가져다 주리라고는 결코 생각 못했습니다."

그 날 오후 4시 그는 미주리로 돌아가 한밤중이 지나 집에 도착했습니다. 그리고 1주간을 가족과 함께 보냈습니다. 그는 자기가 집에 와 있다는 것을 아이들에게 알리지 않았는데 이는 이웃집 아이들에게 얘기할까봐 그랬다고 했습니다. 밤이면 숨어 있던 곳에서 빠져나와 아이들이 자는 모습을 바라만 보았습니다. 껴안거나 키스를 할 수도 없었습니다. 죄가 가져다 준 결과였습니다. 하나님께서 우리 모두를 죄로부터 돌이킬 수 있도록 해 주시기를!

어느 날 숨어 있다가 자기 아이가 말하는 소리를 들었습니다.

"엄마! 아빠는 우리를 더 이상 사랑하지 않는가 봐요?"

"사랑하시지, 그런데 왜 그래?" 어머니가 대답했습니다.

"오랫동안 어디 가서서 편지 한 통도 안 쓰시고 보러 오시지도 않잖아요." 그 아이가 대답했습니다.

숨어 지내는 마지막 날 그는 순진하게 잠든 아이들을 한참 동안 바라보았고 아내에게 여러 번 키스를 하고서는 행복한 집을 떠나 경찰서로 향했습니다. 그는 유죄 선고를 받고 19년 동안 감옥에 있게 되었습니다.

나는 하나님께서 그를 용서하셨다고 믿습니다. 하지만 그는 자신을 용서할 수 없었습니다. 결국 그는 자신이 심은 대로 거둔 것입니다. 나는 주지사에게 사면을 부탁했고 결국 그 사람은 사면되었습니다.

얼마 전 내가 이 이야기를 하자 어떤 사람이 믿지를 않았습니다. 그러나 그를 사면해 준 주지사가 그날 그 모임에 있게 되어 그에게 자신이 그를 사면했노라고 대답해 주었습니다. 그는 몇 년 만 살고 사면을 받았지만 그는 그 죄를 지은 이래로 계속해서 심었던 것을 거두어야 했습니다. 오, 독자들이여, 그것이 무엇이든지 그것이 죄라면 그 죄를 이겨내라고 간곡히 권합니다.

## 미래의 형벌

아마 어떤 분은 "무디씨가 미래에 대해서는 우리를 겁주지 않아서 다행이군. 우리가 이 땅에서 사는 동안 모든 보상과 보응을 받을 것이라는 데는 나도 동의한다니깐." 이라고 말할지 모르겠습니다. 만약 그렇게 생각하셨다면 크게 오해하신 것입니다. 하나님의 아들께서 우리의 미래에 대해 하신 말씀 한 마디가 나의 뇌리에 깊게 박혀 있기 때문입니다.

"너희는 … 너희 죄들 가운데서 죽겠고 내가 가는 곳에 너희가 오지 못하리라." - 요 8:21

만약 누가 자신의 술 취함, 세속됨, 방탕, 탐욕 등을 포기하지 않았다면 하늘(Heaven, 천국)은 그에게 오히려 지옥(Hell)이 될 것입니다. 하늘은 준비된 자들을 위한 곳입니다. 이 지상에서 순결하고 거룩한 자들과 함께 지내는 것을 견디지 못하는 사람이 하늘에서 무엇을 할 수 있단 말입니까?

오직 이 생에서만 모든 보상과 형벌이 있을 뿐이라는 생각은 잘못됐습니다. 이 세상에 얼마나 많은 범죄가 저질러지나 생각해 보십시오. 그러나 잡히는 범인은 별로 없습니다. 가장 못된 범죄자는 경험이 많아 잘도 도망을 치는 반면 초보자는 쉽게 잡히는 것 같습니다. 여자를 망쳐버린 남자가 다 이 땅에서 상응하는 대가를 치릅니까? 그렇지 않습니다. 그에 의해 속아 죄를 짓게 된 여인, 즉 그의 욕망의 불쌍한 희생자는 사회에서 버림을 받아도 그를 망친 자는 뻣뻣하게 고개 들고 행세하며 살고 있지 않습니까. 그럼에도 이런 자는 최소한 저 세상에서 반드시 처벌을 받을 것입니다.

### 영원이여!

오, 울려대는 시간의 종소리여!
밤낮 멈추지 않는구나
우리는 그 소리에 지쳐 있네
결코 우리에게 화평을 주지 않으니
눈을 크게 뜨고 보려고 하나
만약 네 기슭이 가까이 다가오고 있다면
영원이여! 영원이여!

오, 울려대는 시간의 종소리여!
끊임없이 울렸다 그쳤다 하나
그러나 엄숙한 저음으로
그 소리들을 뚫고 분명히 들리나니
들어야만 할 한 목소리라
단 한마디 '예' 라고 말하네

영원이여! 영원이여!

오, 울려대는 시간의 종소리여
그 소리들 커지고 작아지니
길고 쉴 틈 없는 줄에서
우리는 앞뒤로 행진하네
살아야 할 인생이야기를
그대의 숨결 우리 감싸오니
오, 영원이여! 영원이여!

오, 울려대는 시간의 종소리여!
그 음계는 모두 입을 다물리니
엄숙한 기쁨과 평안 속에
고요가 찾아옴을 느끼리니
우리 혼이 그들의 갈증을 해소시킬 것이요
우리의 눈은 그 왕께서 보실 것이니
그대의 영광스런 새벽을 깨우리니
영원이여! 영원이여!

# 8. 경고

"… 아무도 너희를 속이지 못하도록 주의하라." - 마 24:4하

"하나님께서는 이방인들 가운데서 이 신비의 영광의 풍성함이 무엇인지 자신의 성도들에게 알리려 하시는데 이 신비는 너희 안에 계신 그리스도 곧 영광의 소망이시니라." - 골 1:27

Sowing and Reaping

# 8

# 경고

— … 아무도 너희를 속이지 못하도록 주의하라. - 마 24:4하

경고를 한다는 것은 곧 사랑한다는 증거입니다. 어머니처럼 경고하는 분이 어디 계시며 어머니처럼 사랑하시는 분이 또 어디 있겠습니까? 어쩌면 많은 분의 어머니가 돌아가셨고 아버지도 이미 떠나셨는지 모르겠습니다. 내가 떠나신 그분들을 대신하여 경고의 목소리를 발하겠습니다. 바울처럼 나도 이렇게 말하고 싶습니다.

"나는 너희를 부끄럽게 하려고 이것들을 쓰지 아니하며 다만 나의 사랑하는 아들들에게 하듯 너희를 타이르려 하노라." - 고전 4:14

쿰버랜드(Cumber land) 강을 따라 내려오던 증기선의 조타수가 좁은 수로에 있는 작은 배처럼 보이는 물체에서 나오는 빛을 보았습니다. 그는 그 신호를 무시하고 그 배를 그냥 쳐 버리려고 했습니다. 그가 가까이 다가가자 한 목소리가 "비켜요, 비켜!"라고 외쳐 댔습니다.

그는 몹시 화가 나서 자기 길을 방해하는 뱃사람으로 생각되는 사람에게 저주를 퍼부었습니다. 다음 기착지에서 그 선장은 산에서 거대한 바위가 굴러 떨어져 강바닥에 가라앉았으며 그 신호는 뱃사람들에게 알려지지 않은 그 위험을 경고하기 위한 것이었음을 알게 되었습니다.

안타깝게도 오늘날 많은 사람들이 하나님의 경고에 대해서도 동일한 태도를 취하고 있습니다. 이들은 그들이 가는 길에 바위가 있다고 알려주는 사람이 그 누구든 간에 화를 냅니다. 그러다가 그 경고의 의미를 나중에 깨닫게 됩니다.

이스라엘 백성에게는 모세보다 더 충실한 친구가 없었습니다. 그들이 빗나가지 않을 때에도 모세는 경고했고 그 경고가 무시되는 경우를 제외하고는 결코 문제가 발생한 적이 없었습니다. 엘리야야말로 아합에게는 최고의 친구였습니다.

나는 나도 예수님처럼 경고할 수 있었으면 하고 바랍니다.

주님께서는 올리브 산으로 올라가셔서 마음에 큰 감동을 받으시고 이렇게 외치셨습니다.

"오, 예루살렘아, 예루살렘아, 대언자들을 죽이고 네게 보낸 자들을 돌로 치는 자여, 암탉이 자기 병아리들을 자기 날개 아래 모음같이 내가 얼마나 자주 네 자녀들을 함께 모으려 하였더냐! 그러나 너희가 원치 아니하였도다." - 마 23:37

그분은 분명히 경고하셨습니다.

만약 친구가 쓸모없는 은광에 투자하려고 할 때 내가 하지 말도록 주의를 주지 않는다면 내가 그의 참된 친구가 될 수 있겠습니까? 그에게 절망과 비참함이라는 수확을 가져다 줄 그의 행동에 대해 내가 경고했다고 해서 내가 그를 덜 사랑한다고 할 수 있겠습니까?

"어떤 사람이 나팔 소리를 듣고도 경고를 받아들이지 아니하므로 칼이 임하여 그를 제거하면 그의 피가 그의 머리로 돌아가리라. 그가 나팔 소리를 듣고도 경고를 받아들이지 아니하였은즉 그의 피가 그에게 돌아가려니와 경고를 받아들이는 자는 자기 혼을 건지리라." - 겔 33:4,5

당신이 심고 있는 씨가 확실히 좋은 씨가 되도록 힘쓰십시오. 육신에 심어 보십시오. 좋은 수확은 불가능합니다. 좋은 씨와 나쁜 씨가 동시에 자라도록 내버려 둔다면 둘 다 성공할 수는 없습니다. 둘 중 하나는 다른 쪽을 희생시키게 될 것입니다. 아마도 나쁜 씨가 득세할 확률이 높다고 하겠습니다. 잡초가 항상 좋은 씨보다 더 빨리 자라고 퍼지는 법이니까요. 잡초는 오래 살면 살수록 더 확고하게 자리를 잡습니다. 따라서 제초를 뒷전으로 미뤄서는 안 됩니다.

1691년 스코틀랜드의 북부 자치구인 하이랜드(Highlands) 지방에 포고문이 발표되었습니다. 합법적인 정부에 대항하여 반역을 시도했던 자들은 누구든 그 해 마지막 날 전에 무기를 버리고 반역 행위를 중지한다고 약속을 하면 사면될 것이라는 것이었습니다. 많은 사람이 이에 응했고 사면을 받았습니다.

그 때 맥클랜(Maclan)이라는 두목이 포고령에 순복하는 것을 자꾸 연기하면서 날짜를 넘기지만 않으면 된다고 생각했습니다. 그러나 그가 사면을 받기 위해 정부가 있는 곳으로 출발했을 때 큰 폭풍이 불어 그는 포고령이 정한 날짜에 도착하지 못했습니다. 사면의 기회는 사라졌고 복수의 날이 시작되었습니다. 맥클랜과 그의 부하들은 처형당했습니다.

이처럼 잡초는 단번에 제거하는 것이 현명한 일입니다. 죄 가운데 자꾸 머뭇거리지 않도록 주의하십시오. 깊이 빠질수록 회복되는 데 힘이 더 들 것입니다. 왜 자꾸 양심을 마비시키십니까, 왜 더 깊은 회환의 씨를 뿌리십니까? 아무리 고통스럽더라도 죄는 단번에 끊어버리십시오. 때론 가혹한 수술이 필요합니다. 왜냐하면 겉만 처치해서는 질병이 치료될 수 없다는 것을 능숙한 외과의사는 알고 있으니까요.

농부는 괭이와 삽과 도끼를 들고 해로운 돌들을 골라내고 나무를 베어내고 땅 속 뿌리까지 태워 버립니다.

"만일 네 오른 눈이 너를 실족하게 하거든 그것을 빼어 네게서 내버리라. 네 지체 중의 하나가 없어지고 네 온 몸이 지옥에 던져지지 않는 것이 네게 유익하니라. 만일 네 오른손이 너를 실족하게 하거든 그것을 찍어 네게서 내버리라, 네 지체 중의 하나가 없어지고 네 온 몸이 지옥에 던져지지 않는 것이 네게 유익하니라." - 마 5:29,30

당장은 아닐지라도 가라지와 알곡이 심판의 날에 분리될 것임을 기억하십시오. 육신에 심는 것과 성령에 심는 것은 분명 서로 다른 길로 여러분을 인도합니다. 도끼가 나무뿌리에 놓일 것이고 좋은 열매를 내지 못하는 나무마다 찍혀 불에 내던져질 것입니다. 타작마당은 철저히 정결케 될 것이며 알곡은 곳간에 들이고 껍질은 꺼지지 아니하는 불로 태워질 것입니다.

당신의 습관을 조심하십시오. 어떤 한 작가가 최근에 이렇게 말했습니다.

"젊은이들이 자신들의 습관이 점점 굳어져 결국 자신의 인격이 된다는 사실을 깨달을 수만 있다면 아직 굳기 전에 자신들의 행동에 더 주의를 기울일 텐데. 우리는 각자의 운명의 베틀을 짜고 있는 것이다. 좋든 나쁘든 일단 짜고 나면 돌이킬 수 없다. 아무리 작은 미덕이든 악덕이든 흉터는 남게 마련이다."

제퍼슨(Jefferson)의 희곡에 나오는 립 밴 윙클(Rip Van Winkle)이라는 주정뱅이는 술 한 잔씩을 마실 때마다 "이번 것은 계산되지 않는다."라며 변명을 하곤 했습니다. 자기 자신은 계산을 안할지 모르지만 어찌됐던 그 술잔은 계산되고 있는 것입니다. 그의 신경 세포와 섬유질 속에 있는 분자들은 그것을 계산하여 등록하고 축적해 놓았다가 다음번 유혹을 받을 때 여지없이 그를 무너뜨리는 데 사용됩니다. 엄격한 과학적 관점에서 보자면 우리가 행하는 것은 그 어떤 것도 말끔히 사라져 버리지 않습니다.

물론 습관에는 좋은 측면도 있습니다. 자꾸 반복되는 술잔으로 영원한 술꾼이 되는 것처럼 도덕적 영역에서 우리가 성도의 모습을 갖추어 가는 것도 이와 똑같습니다. 실용적인 분야나 과학적인 분야에서 많은 반복과 시간의 투자가 권위자와 전문가를 만들어내는 것도 마찬가지입니다.

시험(유혹)을 조심하십시오. "시험에 들게 마옵소서."라고 기도할 것을 주님은 가르치셨습니다. "너희가 시험에 빠지지 않게 깨어 기도하라."라고도 말씀하셨습니다. 우리는 본질상 약하고 죄로 가득합니다. 시험이 우리를 사로잡을 때 저항할 힘을 주시라고 기도하는 것보다 시험에서 구출해 주시도록 기도하는 것이 훨씬 낫습니다. 예방이 치료보다 나으니까요. 땅속에 욕망과 사악함이라는 씨가 심겨 있으면 언젠가 뚫고 위로 올라올 기회만 엿보고 있음을 잊지 마시기 바랍니다.

청년들은 인생의 양면을 볼 필요가 있는 것처럼 생각합니다. 이렇게 어리석을 수가! 우리는 손이 불에 탈지 안 탈지 알아보기 위해 손을 불에다 넣어보라고 부르심을 받지 않았습니다.

한 증기선이 미시시피강에 좌초되었는데 선장은 배를 끌어낼 수가 없었습니다. 결국 험상궂게 생긴 한 사람이 갑판으로 올라와 말했습니다.

"선장님, 내가 보기에는 이 난관에서 당신을 구할 조타수가 필요하신 것 같습니다."

"당신이 조타수요?" 선장이 물었습니다.

"그렇습니다. 사람들은 나를 조타수라고 하지요." 그가 대답했습니다.

"당신이 유목과 모래톱이 어디 있는지 안단 말이요."

"아닙니다."

"그렇다면 어떻게 여기서 나를 끄집어 낼 수 있다고 생각하시오?"

"저는 유목과 모래톱이 없는 곳을 알고 있으니까요." 그는 이렇게 대답했습니다.

자녀들이 어린아이일 때 좋은 씨를 심기 시작하십시오. 그래야 잡초가 뿌려지기 전에 막을 수 있습니다. 사탄은 어린아이가 자랄 때까지 기다리지 않습니다. 우리 역시 마땅히 그래야 합니다. 다 자란 물고기 외에는 잡히지 않도록 만들어진 그물이 많이 있는데 이것은 자라지 않은 물고기가 도망할 수 있도록 한 것입니다. 그러나 사탄의 그물 중에는 그런 건 없습니다. 그는 가장 약하고 어린 것을 잡아챕니다.

한 주일학교 부장 선생님이 말하기를 "우리가 아이들을 돌본다 할지라도 마귀도 어찌하든 그 아이들을 돌보려고 할 걸세."라고 했다고 합니다.

우리로 하여금 어린아이에게는 종교가 필요없다고 믿게끔 만드는 것이야말로 마귀의 필사적인 전략입니다. 만약 어린아이가 그분의 말씀을 이해할 수 없다고 한다면 어째서 그리스도께서는 '어린아이의 믿음'을 높이 평가하실 수 있었단 말입니까? 어른보다도 어린아이가 더 쉽게 사랑하고 신뢰할 수 있습니다. 따라서 우리는 어린아이들이 선택할 수 있는 최고의 대상으로서 그리스도를 제시해야만 합니다.

기회를 결코 소홀히 하지 마십시오. 나폴레옹은 늘 이렇게 말했습니다.

"모든 전투에는 위기가 있기 마련이다.
약 10분에서 15분 정도 지속되는 이 위기에 전투의 승패가 달려 있다.
이 위기를 극복하면 승리하고 이 위기를 상실하면 패배한다."

죄를 조심하십시오. 죄의 삯은 사망입니다. 또한 (이미 말했듯이) 이 삯은 결코 줄지 않습니다. 죄는 사람을 속여 그 속에 만족이 있는 것으로 착각하게 만듭니다. 그래서 핑계들을 갖다 대고 죄를 짓도록 함으로써 결국은 벌을 피할 수 없게 만듭니다. 만약 죄가 속임수가 아니라면 결코 멋져 보이지 않겠지만, 죄는 늘 위장을 하고 와서 생명력을 약화시키고 선을 행할 도덕적 능력을 갈취합니다.

윌버포스(Wilberforce)는 스카이(skye) 섬을 걷다가 황금빛 독수리가 위로 날아오르는 모습을 보았습니다. 그는 걸음을 멈추고 그 비행을 쳐다보았습니다. 그런데 뭔가 잘못되었는지 독수리가 추락하여 그의 발 앞에서 즉사하였습니다. 어째서 죽었는지 너무도 알고 싶어서 그는 그 독수리를 조사해 보았는데

총 맞은 흔적은 없었습니다. 그러다가 그는 독수리의 발톱에 작은 벌레가 있는 것을 발견하였는데 이것이 비행 중 몸 가까이 다가가 가슴에서 혈액을 빨아 먹은 것입니다. 죄에 끝까지 매달린 모든 자의 최후가 이와 같습니다.

이 세상의 매력에 속지 마십시오. 세상은 여러분을 속이고 파괴할 것입니다. 르도트불(Redoutable) 호는 넬슨 제독이 두 번이나 인정을 베풀어 남겨 둔 프랑스 배였습니다. 그런데 바로 그 배에서 쏜 포탄에 맞아 그는 죽었습니다. 마귀는 많은 죄를 꿀에 발라 제공하지만 그 속에는 독이 들어 있습니다. 진정한 즐거움은 의라고 하는 좋은 씨에서 솟아 나옵니다. 그 어떤 다른 즐거움도 유익하지 못합니다.

무지와 무관심을 조심하십시오. 당신의 혼을 소홀히 해서는 안됩니다. 너무도 많은 혼들이 위기에 처해 있습니다. 나는 게으른 사람이 회심한 것을 본 적이 없습니다. 그가 깨어 자신의 무기력하고 잃어버려진 상태를 깨달을 때까지 전능하신 하나님께서는 그에게 다가가 손을 잡아주지 않으실 것입니다.

바다에서 배 한척이 매우 위험한 상황에 놓였습니다. 그러자 모두가 그 사람에게 함께 기도하자고 요청했습니다. 그런데 그 사람은 이렇게 대꾸했다고 합니다.

"나는 아니오, 배를 돌보는 것은 당신들 일이오. 나는 단지 승객일 뿐인데…"

이런 무관심이 있습니까!

단순한 지식만으로는 부족합니다. 많은 사람들이 복음의 개념과 약속을 머리로는 알고 있지만 구원의 은혜에 이르지 못했습니다. 지식이란 쓸모없거나 심지어는 해롭기까지 합니다. 우리에게 필요한 것은 하나님의 뜻을 알고 이를 지키는 것입니다.

때론 선의의 결단마저도 충분치 않습니다. 물론 이런 결심 그 자체는 도움이 되긴 하나 성경 말씀에 따르면 선한 결단이 사람을 구원할 수 있는 것이 아닙니다. "그분을 영접하기로 결단하는 자들 곧 그분의 이름을 믿기로 결단하는 자들, 그들에게 하나님의 아들들이 되는 권능을 주셨다."라고 되어 있지 않습니다. 성경은 이렇게 말씀하고 있습니다.

"그분을 받아들인 자 곧 그분의 이름을 믿은 자들에게 … 주셨다." - 요 1:12

깨어 있으십시오. 우리가 죄에 떨어지지 않도록 경계를 게을리해서는 안 됩니다. 공격이 예상될 때는 현명한 지휘관이라면 "오늘 밤 그 지점에 이중으로 보초를 세우라."라고 명령할 것입니다. 그럼에도 아무리 조심해도 알곡 중에는 가라지가 있게 마련입니다. 그러니까 우리는 우리 모두 안에 사탄이 사용할 수 있는 뭔가를 지니고 살고 있습니다.

바울의 말을 들어보십시오.

"내 안에 (곧 내 육신 안에) 선한 것이 거하지 아니하는 줄 내가 아노니 원함은 내게 있으나 선한 그것을 어떻게 행할지는 내가 찾지 못하노라. 이는 내가 원하는 선은 내가 행하지 아니하고 도리어 내가 원치 아니하는 악을 곧 그것을 내가 행하기 때문이라. 이제 내가 원치 아니하는 그것을 내가 행하면 그것을 행하는 자가 더 이상 내가 아니요 내 안에 거하는 죄니라. 그런즉 내가 한 법을 발견하노니 곧 내가 선을 행하기 원할 때에 악이 나와 함께 있는 것이로다. 내가 속사람을 따라 하나님의 법을 즐거워하나 내 지체들 안에서 다른 법이 내 생각의 법과 싸워 내 지체들 안에 있는 죄의 법에게로 나를 사로잡아 가는 것을 내가 보는도다. 오, 나는 비참한 사람이로다! 이 사망의 몸에서 누가 나를 건져 내랴?" -롬 7:18-24

그러나 바울은 다음 말씀을 덧붙였습니다.

"예수 그리스도 우리 주를 통하여 내가 하나님께 감사하노라." -롬 7:25상

하나님께서 우리에게 제시하시는 이슈는 분명하고 단호합니다.

"아들을 믿는 자에게는 영존하는 생명이 있고 아들을 믿지 않는 자는 생명을 보지 못하며 도리어 하나님의 진노가 그 위에 머물러 있느니라." -요 3:36

이 말씀에 따르면 우리 모두는 아들을 믿는 자에 속하거나 아들을 믿지 아니하는 자에 속하거나 둘 중 하나입니다. 우리는 둘 중 하나를 택해야 합니다. 무엇을 택하든 그 책임은 우리 각자에게 있습니다. 올바른 선택을 하려면 많은 희생이 따를지도 모르며 마음이 아픈 일이 생길지도 모릅니다. 그럼에도 나는 여러분이 지금 당장 결정적인 조치를 취하기를 간청하고 싶습니다. 왜냐하면 당신의 혼의 구원이야말로 이 세상 그 어떤 것들보다 중요하기 때문입니다. 몇 가지 현세의 이익이나 쾌락 때문에 영원을 위험에 처하도록 내버려 두시겠습니까? 지금 머리를 숙이고 이렇게 말하십시오.

"하늘 아버지여,
저는 가련한 죄인으로 당신 앞에 나아가 간청 드리고자 합니다.

저는 저의 구원자가 되시도록 아버지께서 보내신 당신의 아들을 믿습니다.
제 죄의 화목 헌물로서 흘려진 그분의 피의 공로를 신뢰하오며
제 죄가 사하여졌음에 안식합니다."

가장 악한 죄인에게도 희망은 있습니다. 잡초들이 자라는 곳에도 좋은 씨가 자라날 가능성은 있습니다. 당신의 필요가 크면 클수록 주 예수님께서는 더 당신을 환영할 것입니다. 교만하고 자신감에 찬 사람들은 그분이 멀리 하시나 상한 심령을 지닌 죄인의 아주 작은 속삭임에도 그분은 귀를 기울이십니다. 우리 주님께서는 우리가 올바른 판단을 할 수 있도록 돕기 위해 아주 간단한 테스트 방법을 가르쳐 주셨습니다. 그분은 이렇게 말씀하셨습니다.

"좋은 나무가 변질된 열매를 맺지 아니하며 변질된 나무가 좋은 열매를 맺지 아니하느니라." - 눅 6:43

우리 중 많은 사람이 복잡한 주장들을 해석하거나 심오한 교리를 이해할 능력도 시간도 없습니다. 어떤 내용은 평범한 사람들은 접해보지도 못합니다. 그러나 그리스도께서 주신 테스트 방법은 간단하고 실제적이며 우리 모두가 적용할 수 있는 것입니다.

"당신은 복음을 들어 보신 적이 있나요?"라고 한 선교사가 자신의 선교지에서 처음 본 중국 사람에게 물었습니다.

"아니요. 저는 들어보진 못했지요. 그러나 본적은 있습니다." 그의 대답은 이러했습니다.

"나는 이웃에게 아주 끔찍한 사람 하나를 알고 있습니다. 그는 아편쟁이에

다가 야수같이 위험한 자였습니다. 그런데 그 자가 완전히 바뀌었어요. 그는 지금 아주 부드럽고 선하고 아편도 끊었지요."

이 시험 방법을 불신 세계에 적용해 봅시다. 불신 세계의 열매들은 무엇입니까? 계속 이어지는 범죄, 해체되는 사회, 순결과 정직과 다른 미덕들이 사라져버린 세상. 온통 파괴적인 모습뿐입니다.

영국 교도소에서 온 한 편지의 일부를 발췌한 다음 내용은 하나님을 인정하지 않는 불신 세계를 통렬히 비난합니다.

『나는 믿지 않는 13명 중 하나이다. 내 친구들은 다 어디 있느냐고? 네 명은 교수형을 당했고 한 사람은 그리스도인이 되었으며 6명은 각자의 형량에 따라 투옥되어 있고 나머지 한 사람은 바로 내 윗방에서 수감 생활을 하고 있는데 종신형을 받았다.』

우리는 이 편지 내용을 우리 주님과 비교해 볼 수 있다고 생각합니다. 우리 주님께서는 그리 말씀하셨습니다. 다음은 유대인들이 주님의 행동에 트집을 잡으려 했을 때 하신 말씀입니다.

"내가 행하는 바로 그 일들이 나에 대하여 증언하되 곧 아버지께서 나를 보내신 것을 증언하느니라." - 요 5:36하

또 한번은 유대인들이 그분을 둘러싸고 이렇게 물었습니다.

"당신은 언제까지 우리로 하여금 의심하게 하시나이까? 당신이 그리스도라면 우리에게 분명하게 말씀하소서." - 요 10:24

예수님께서 대답하셨습니다.

"내가 너희에게 말하였으나 너희가 믿지 아니하였도다. 내가 내 아버지의 이름으로 행하는 일들이 나에 대하여 증언하거늘… 내가 만일 내 아버지의 일들을 행하지 아니하거든 나를 믿지 말려니와 내가 행하거든 너희가 나를 믿지 아니할지라도 그 일들은 믿으라. 그러면 아버지께서 내 안에 계시고 내가 그분 안에 있음을 너희가 알고 믿으리라, 하시니라." - 요 10:25,37,38

유대관원 니고데모는 다음과 같이 제대로 고백했습니다.

"… 하나님께서 함께하지 아니하시면 당신이 행하시는 이 기적들을 아무도 할 수 없나이다, 하매" - 요 3:2하

베드로의 고백도 들어봅시다.

"너희 이스라엘 사람들아, 이 말을 들으라, 너희 자신도 아는 바와 같이 하나님께서 나사렛 예수님을 통하여 기적들과 이적들과 표적들을 너의 한가운데서 행하사 그분을 너희 가운데서 하나님의 인정받은 사람으로 삼으셨느니라." - 행 2:22

사치와 교만과 탐욕의 열매들과, 기도와 하나님을 두려워함과 그분의 명령을 지키는 것과의 차이를 아시겠습니까? 이방 종교들의 열매는 어떻습니까? 아프리카, 중국, 인도 및 여러 섬나라들과 그들이 나무와 돌로 만든 신들을 보십시오. 이런 것들을 숭배한다고 하는 자들의 지성과 도덕적 감각이란 과연

어느 정도일까요?

그리스도가 없는 종교는 비록 그것이 최선의 종교라고 할지라도 항상 실패작임이 입증되었습니다. 물론 이방 철학자들의 글도 최고의 미덕들을 권고하고 있음을 부인할 수는 없습니다. 그러나 그것은 당연한 일입니다. 도덕이란 인간성처럼 보편적인 것입니다. 다만 여기저기서 사람들은 몇몇 사상가들이 그런 평균적인 수준을 넘어서서 보다 궁극적인 윤리의 기초 진리를 제시해 주길 기대할 뿐입니다. 이 사실은 인간적인 것과 신적인 것 사이에, 내 생각으로는, 긴밀한 관계가 있음을 보여 줍니다. 즉, 기독교 역시 전혀 새로운 종류의 도덕을 주장하지 않는다는 얘기입니다.

또 한 가지 언급하고 싶은 것이 있습니다. 그리스도의 다음 말씀을 들어 보십시오.

"내가 율법이나 대언자들의 글을 폐하러 온 줄로 생각하지 말라. 나는 폐하러 오지 아니하고 성취하러 왔노라." -마 5:17

이 말씀에 따르면 예수님이 세우시는 체계가 완성되면 이미 이교도들의 도덕에도 나와 있던 많은 원칙들을 다 포괄할 수 있음을 보여 줍니다. 다만 이 모든 것들은 우리의 구원자의 손에서 더 강화되고 빛이 나며 더 넓어지고 의미가 충만해집니다.

이들 비(非) 기독교적 종교들이 시험의 관문을 통과할 것 같습니까? 예를 들면 그리스 철학 중 가장 고상하다고 생각되는 스토아 사상은 결국은 극단적 냉소주의로 흘렀고 그 누구도 미덕에 도달할 가능성은 없다는 주장으로 막을 내렸습니다. 에피쿠로스 철학 또한 출발은 꽤 좋아 보였으나 창시자가 죽을 때쯤에는 돼지에게나 걸맞는 교리라는 별칭을 얻을 정도로 맹비난을 받았습니다. 석연치 않은 종교의식과 끔찍한 고행 등을 수반하는 불교는 어떻습니까? 이 모든 종교 체계는 이론과 실제 간의 격차를 보여줍니다. 이들이 목표를 달성치 못한 것은 잘못된 방식으로 문제에 접근했기 때문입니다. 그들은 나무 자체가 썩어 있는 것을 깨닫지 못한 채 열심히 가지만 다듬은 것입니다.

오직 기독신앙(christianity)*만이 사람을 불구덩이로부터 일으켜 세우는 시험을 통과할 수 있습니다. 그럼 어떻게 통과합니까? 기독신앙은 사람이 처한 위험과 필요를 축소시키지 않습니다. 그리고 이렇게 진단합니다.

"… 온 머리는 병들었고 온 마음은 기진하였으며 발바닥에서부터 머리까지 그 안에 성한 곳이 없이 상처와 멍과 곪은 종기뿐이거늘 …" -사 1:5하, 6상

성경은 이에 대한 첫 처방으로서 새로운 출생, 즉 성령에 의해 거듭날 것을 요구합니다.

"너희가 반드시 다시 태어나야 하리라." -요 3:7

성경은 의롭게 되기 전에 거룩함을 요하지 않습니다. 기독신앙은 먼저 위로부터 생명을 나누어 주고 나서 그 구속 받은 죄인에게 그리스도의 사랑과 성령님의 교제와 인도하심을 제공합니다.

한 회심한 중국인이 한번은 이렇게 말했습니다.

---

* 다른 종교에는 -ism 즉 사상이나 주의가 붙지만 기독교는 종교가 아닌 살아 계신 하나님의 인격에 대한 믿음임 - 역자 주

『나는 깊은 수렁에 빠져 절반쯤 가라앉고 있었습니다. 나는 누군가가 도와달라고 외쳐 댔습니다. 위를 쳐다보고 있는데 덕망 있는 노인 한 분이 나를 내려다보며 말했습니다.

"내 아들아, 그곳은 무서운 곳이야."

"예, 압니다. 제가 여기에 빠졌어요, 나올 수 있도록 도와 줄 수 있나요?" 이런 절규에 대해 그는 이렇게 답변했습니다.

"내 아들아, 나는 공자란다. 만약 네가 내 책들을 읽고 그 곳에서 가르치고 있는 바를 따른다면 그런 곳엔 결코 가지 않았을 거다."

"예, 아버지, 알아요, 그렇지만 우선은 제가 나올 수 있도록 도와주세요."

그러나 이 간청에도 그는 가 버렸습니다. 얼마 있다 또 다른 한 사람이 다가와 나를 굽어보고 있었습니다. 그는 눈을 감고 팔짱을 끼고 있었습니다. 그는 마치 먼 곳을 바라보고 있는 듯 했습니다. 부처는 이렇게 말했습니다.

"내 아들아, 그저 눈을 감고 팔짱을 끼고 네 자신에 대해 모든 것을 잊으라. 안식의 상태로 들어가라, 너를 괴롭히는 그 어떤 것도 생각지 말라. 마음을 가라 앉혀 그 어떤 것도 마음을 흔들지 못하게 하라. 자, 그리되면 나의 자녀여, 나처럼 달콤한 안식 안에 있게 될 것이다."

"알겠습니다. 아버지여, 내가 땅위로 올라가면 그리하지요. 우선은 저부터 나올 수 있게 도와주세요."

그러나 부처도 또한 가 버렸습니다. 그저 절망 속으로 빠져들고 있던 나에게 위에서 또 다른 모습 하나가 보였습니다. 그분은 다른 분들과는 달랐습니다. 그분의 얼굴에는 고난의 표식이 있었습니다. 나는 그분께 소리를 질렀습니다.

"오, 아버지시여! 나를 도와주실 수 있습니까?"

"내 아들아, 무슨 일이냐?" 그분은 이렇게 말씀하셨습니다. 내가 그분께 답변도 하기 전에 그분은 벌써 수렁 안으로 내려와 내 곁에 계셨습니다. 그는 나를 팔로 감고서 나를 들어 올려 꺼내 주었습니다. 그리고 내게 먹을 것을 주고 나를 쉬게 하였습니다. 내가 안정을 되찾았을 때도 그분은 "이제는 그런 짓을 그만 두어라." 말하지 않고 오히려 이렇게 말씀하셨습니다.
"이제는 우리 함께 동행하자꾸나."
그 후로 나는 그분과 함께 동행하고 있는 중입니다.』

이것은 그 불쌍한 중국 사람이 주 예수 그리스도의 긍휼 많은 사랑과 도움에 대해 간증한 것입니다.

얼마 전 나는 술집에서 막 나와 말을 타고 가는 청년에 대한 이야기를 읽었습니다. 한 교회의 집사가 교회에 가고 있는데 그 청년이 말을 타고 뒤따라 가며 물었습니다.

"집사 양반, 지옥이 얼마나 먼지 말해 줄 수 있겠소?" 그 집사는 젊은 청년이 그렇게 경박스럽게 말하고 있는 것을 보고 몹시 마음이 아팠습니다. 그는 아무 말도 않고 그 청년을 지나쳐 계속 걸었습니다. 그가 교회당이 있는 모퉁이에 다다랐을 때 그는 그 청년이 말에서 떨어져 죽는 것을 보게 되었습니다. 여러분들, 이처럼 심판은 여러분이 생각하는 것보다 더 가까이 있을지도 모른다는 것을 기억하십시오.

여러 해 전에 내가 스위스에 있었을 때 나는 죽음이 얼마나 갑작스럽게 우리에게 닥치는지를 보여 주는 엄숙한 교훈을 얻게 되었습니다. 나는 산사태가 일어나 온 마을을 완전히 파괴시킨 현장을 몇 곳 보았고 또한 산사태가 나서 산기슭을 쓸어버려 초토화된 흔적을 보게 되었습니다.

이 끔찍한 재앙은 1806년 로스버그(Rossberg) 산자락 비옥한 계곡에 위치해 있던 골도(Goldau)라는 마을에 닥쳤습니다. 그 해는 유난히 비가 많았고 이로 인해 곡식은 큰 풍년을 이루었다고 했습니다.

하루는 젊은 농부가 아침 일찍 자기가 알고 있는 노인의 작은 집 앞을 지나가다가 그 노인이 내리쬐는 햇살을 받으며 문 앞에 앉아 있는 것을 보았습니다.

"안녕하세요? 아저씨, 아마 날씨가 좋을 모양입니다." 그는 이렇게 인사했습니다. 이에 대해 그 노인은 거친 목소리로 대꾸했습니다.

"날씨가 좋아야지, 그동안 너무 비가 많이 왔잖아."

"그런데 뉴스 들으셨어요? 오늘 아침 제일 일찍 일어난 사람들이 로스버그 산꼭대기가 움직이는 것을 목격했다네요."

"그럼! 충분히 그랬을 걸, 내 말 잘 듣게, 나도 이미 그 말을 여러 번 해왔지, 어쩌면 나는 못 볼지 모르지만 젊은이들은 내 나이가 되기 전에 저기 있는 저 산 정상이 무너져 기슭 아래로 누워버리는 것을 보게 될 걸세."

"제 생전에는 그런 일이 없었으면 좋겠네요."

청년은 이렇게 말하면서 그곳을 지나갔습니다. 아마 그는 그 노인의 예언이 얼마나 빨리 이루어질지에 대해서는 아무런 생각을 못했을 것입니다. 잘 익어가는 옥수수와 풍성하게 익은 감미로운 포도를 결코 수확하지 못하리라고는 짐작도 못했을 것입니다. 그러나 그렇게 되고 말았습니다.

산에 있는 샘들이 너무 많이 내린 비로 인해 넘쳐서 산 표면을 흘러가서 아래쪽 계곡으로 쏟아져 내려 진흙으로 덮여진 둥근 바위덩이들을 갈라놓았다고 합니다. 그런데 그 산의 윗부분이 바로 이 진흙으로 형성되어 있었던 것입니다. 이 거대한 바위덩이가 굴러 내려 마을을 덮쳤고 온 마을을 뒤덮어 버렸습니다. 결국 800여명의 주민들이 이 바위 밑에 깔린 것입니다.

그렇다면 그 노인은 어떻게 되었을까요? 불행히도 그 역시 피하지 못했습니다. 그는 산이 무너질 것을 알고 있었으나 그처럼 빨리 그런 일이 생기리라고는 생각지 않았던 것입니다. 그 영감님은 그 청년이 급히 되돌아와서 "산이 무너지고 있어요."라고 외쳤을 때 자기 집 안에 앉아 느긋하게 파이프 담배를 물고 있었습니다. 그 노인은 느긋하게 자리에서 일어나 문쪽을 바라보며 "담배 한 대 더 피울 시간은 있을 거야."하고는 집 안으로 들어갔습니다.

그 청년은 살아남았습니다. 그러나 그 노인은 집을 떠나기도 전에 멸망했습니다. 그 집도 그 주인도 바위에 깔려 계곡 바닥으로 쓸려가 버렸습니다.

내가 1881년 영국의 북부 지역에 있었을 때 그 지역에 엄청난 폭풍우가 불어 닥쳤습니다. 내 친구 중 한 사람이 아이마우스(Eyemouth)에서 사역을 하고 있었는데 그 지역에는 많은 어부들이 있었습니다. 폭풍우가 지속되었고 어부들은 부두에서 일주일 간 갇혀 있었습니다. 그러다가 하루는 파란 하늘에 해가 나오면서 날이 갰습니다. 폭풍우는 지나간 것처럼 보였습니다. 배들은 어장으로 출항했습니다. 그날 마흔 한 척이 항구를 떠났습니다. 그런데 그들이 출항하기 전 항만관리소장이 폭풍우 신호를 보내면서 다가올 폭풍우를 경고했습니다. 그는 어부들에게 출항하지 말라고 간청했습니다. 그러나 그들은 그의 경고를 무시하고 고기를 잡으러 나갔습니다. 그들이 보기에는 폭풍우의 징조가 없었기 때문입니다. 그러나 몇 시간도 채 안되어 그 해안 지역은 폭풍우를 맞았고 살아 돌아온 어부는 몇 명에 불과했습니다. 한 배당 5~6명의 어부가 타고 있었는데 그 무서운 폭풍으로 거의 모두가 목숨을 잃었습니다. 내 친구가 목사였던 그 교회 또한 남자 성도가 겨우 세 명 밖에 안 남게 되었습니다.

이들이 영원으로 가버린 것은 경고를 무시했기 때문입니다. 이제 나도 여러분 모두에게 폭풍 신호를 보내고자 합니다. 그리하여 여러분 모두가 다가

올 심판으로부터 피하도록 경고코자 합니다.

몇 년 전 큰 간선 철도 곁에 살고 있던 사람이 있었는데 어느 날 산사태가 나서 그 철로가 막혀버린 것을 보게 되었습니다. 그는 시계를 보고 야간 특급 열차를 막기 위해 철로를 향해 뛰어갔습니다. 기차가 오기 전에 그곳에 도착할 수 있을 것 같았습니다. 그는 뛰어가다가 넘어졌고 등잔불은 꺼졌습니다. 그에게는 성냥이 없었고 기차가 밀려서 오고 있는 소리가 들려서 길옆 뚝방에 올라서서 기차가 자기 곁에 가까이 오는 순간 힘을 다해 그 등잔불을 기관사 앞에서 흔들어 댔습니다. 그때 그 기관사가 뭔가 잘못됐는가 싶어 그 경고를 받아들여 브레이크를 걸었고 산사태로 막힌 그 곳 바로 앞에서 기차는 멈춰 섰습니다.

자, 이제 나도 깨어진 등잔불을 당신의 발밑에 던지고자 합니다. 제발 바라건대 이 경고를 받아들여 어떤 대가를 치르더라도 죄를 없애십시오! 경고를 받으십시오! 죄를 버리든 하늘나라를 포기하든 둘 중 하나입니다. 축복의 길로 들어가십시오. 지금 결단을 하고 하나님의 은혜로 승리하시기 바랍니다.

"사악한 자는 자기 길을 버리고 불의한 자는 자기 생각을 버리고 주께로 돌아오라. 그리하면 그분께서 그에게 긍휼을 베푸시리라. 우리 하나님께로 돌아오라. 그분께서 풍성하게 용서하시리라." - 사 55:7

# D.L. Moody
## The Way To God And How To Find It

순간의 선택이 영원을 좌우합니다
당신의 영원을 좌우할 책!《하나님께 가는 길》

- 영미권에서 베스트셀러와 스테디셀러로 꾸준히 사랑받는 기독교 고전!
- 하나님의 사랑을 전하고자 하는 무디의 혼신의 노력이 담긴 책!
- 40년간 백만명을 구원한 복음전도자 무디가 전한 복음의 진수!
- 수없이 많은 사람들을 하나님께로 돌아오게 한 무디 생애 최고의 역책!

## "우리는 어디로 와서 어디로 가는가?"

"바쁜 세상사에 억눌려 우리가 어디서 와서 어디로 가는지에 대한 삶의 본질적인 물음조차 쉽게 표출하고 있지 못하는 우리에게 1세기 전의 사람 D. L. 무디(Dwight Lyman Ryther Moody, 1837~1899)는 그 원초적인 질문에 대한 답을 명쾌하게 제시해 주고 있다. 보잘 것 없는 학력(초등학교 5학년 정도의 교육 수준)과 경력(구둣방 점원)에도 불구하고 미국과 유럽 양 대륙에서 수없이 많은 사람들을 '길(the Way)'과 '진리(the Truth)'와 '생명(the Life)'에로 이끌었던 하나님의 사람 무디는 비록 우리와 동시대의 인물은 아니지만, 지금 이 순간에도 우리의 심중을 꿰뚫으며 우리에게 다가오고 있다.

9남매 중의 여섯 째로 태어나 건축 기술자인 아버지를 다섯 살 때 여의고 홀어머니 밑에서 기층 민중으로서의 삶을 살던 무디가 18세에 예수 그리스도를 자신의 구주로 영접한 뒤, 성경을 수없이 읽는 가운데 변화되어 살아온 삶 자체도 우리에게는 감동 그 이상의 것이지만 특히 그가 선포한 복음, 곧 구원과 생명의 메시지는 분명 시공의 차이를 초월하여 우리에게도 강력하게 전달되어진다." – 역자서문 중에서

디엘 무디(Dwight Lyman Moody 1837~1899)는 그의 시대에 가장 유명한 복음전도자였다. 그는 주일학교 교사인 에드워드 킴블을 통해 개인적인 회심을 경험한 후 복음전도자가 되어, 그의 육성과 저서로 거의 1억 명에 가까운 사람들에게 복음을 전한 것으로 전해진다. 보잘것없는 학력(초등학교 5학년 정도의 교육 수준)과 경력(구둣방 점원)에도 불구하고, 그가 이렇게 놀랍게 쓰임받을 수 있었던 비결은 실로 하나님의 말씀(고전 1:27~29)이 아니라면 설명할 수 없는 신비이다. 더우기 무디가 정규적인 신학교육은 물론, 목사안수도 받지 아니한 한 평범한 크리스천에 불과했다는 사실은 우리에게 시사하는 바가 적지 않다. 오늘날과 같이 학식이 우상화되는 시대에 우리에게 실로 필요한 인물은 말씀과 성령으로 충만한 하나님의 사람, 무디와 같은 사람들이다.

D. L. 무디 지음/ 차 한 옮김/ 신국판 224면/ 값 9,000원/ 라온누리

■ 전국 유명서점(교보문고, 영풍문고) 및 기독서점, 인터넷 서점(갓피플, 생명의 말씀사, yes24, 알라딘, 인터파크, 교보문고) 등에서 구입하실 수 있습니다.